华国栋 编著

差异教学课堂策略

CHAYI JIAOXUE
KETANG CELÜE

教育科学出版社
·北京·

前 言

自笔者在二十世纪九十年代提出差异教学主张，三十年来差异教学在我国发展迅速。二十多个省（市）都有教师自发地进行这方面的探索和实践，并取得丰硕成果。笔者也在研究与实践基础上先后出版了《差异教学论》《差异教学策略》《卓越与公平——普通班的英才教育》《融合教育中的差异教学》《差异教育学》等著作，发表了多篇有关差异教学的文章，回答了为什么要实施差异教学、差异教学是什么、怎样实施差异教学等问题。

2019年6月23日，中共中央、国务院发布《关于深化教育教学改革全面提高义务教育质量的意见》，明确要求"精准分析学情，重视差异化教学和个别化指导"。2022年，我国开始新一轮课改，也要求"开展差异化教学"。《差异教学策略》一书出版已有十多年。编写《差异教学课堂策略》一书很有必要。这一方面是为了满足广大教师的需求；另一方面也是为了进一步聚焦课堂，落实新课改精神，通过差异教学课堂策略的实施，促进每个学生的素养提升。

本书共分十章。第一章差异教学策略概述，介绍了差异教学的本质、内涵、主要观点，及其与个别化教学、分层教学的区别联系，也介绍了差异教学策略体系、差异教学课堂策略等。第二章至第十章，逐章对课堂策略进行阐述，主要是介绍策略的本质和操作要领。本书特别将我国新一轮课改中许多学校的差异教学研究与实践案例加以梳理、挑选，并将其安排在各章节策略的后面，以供读者参考借鉴。所选案例多数来自不同级别的公开课、研究课，有的来自特级教师教学实践，具有一定的典型性、示范性和启发性，尽可能和相关章节介绍的策略匹配，说明该策略如何运用及操作要领。不少案例都体现了多个策略的运用。书中尽可能保持案例的完整，以使读者了解案例的全貌。

我们从书中能感受到，差异教学不仅体现了一种较高的教学境界和追求，而且在课堂实践中也是可行的和有效的。

最后，要感谢教育科学出版社对本书出版的大力支持。

华国栋
2024.3

目　录

第一章　差异教学策略概述

差异教学是因材施教的教学样态，立足群体中的个体，强调在班集体教学中的个性与共性的辩证统一。差异教学的有效实施离不开差异教学策略体系。

第一节　差异教学的内涵及主要观点 …………………………………… 002

第二节　差异教学与分层教学、个别化教学 …………………………… 004

第三节　差异教学策略体系及逻辑关系 ………………………………… 006

第四节　差异教学课堂策略及实施要领 ………………………………… 008

第二章　差异教学计划的制订与实施

教学计划是对教学的预先谋划和总体设计。在教学中为了有效照顾学生的差异，首先要制订差异教学计划。差异教学计划由并列式教学计划与个别教学计划组成。

第一节　单元教学设计 …………………………………………………… 026

第二节　并列式的集体教学计划及其制订 ……………………………… 034

第三节　个别教学计划与导学案 ………………………………………… 044

第四节　教学计划的实施和评估 ………………………………………… 052

第三章　认知前提准备与学习动机激发

学生学习水平差距过大会给班集体教学带来一定的困难。如果教师在课前帮助学生提高相应的知识技能和情感准备水平，优化学习起点，夯实自主学习的基础，学生学习差距就会有所缩小，课堂学习效果也会更好。

第一节　认知准备的不同水平及对学习的影响 ………………… 060
第二节　认知准备水平的测查与提升 …………………………… 063
第三节　学习情感动机的差异及对学习的影响 ………………… 069
第四节　激发学生学习动机的方法艺术 ………………………… 073

第四章　预设与生成挑战性学习目标

差异教学强调在确保基本核心素养目标的前提下，师生共同制订层递目标，从而对不同水平的学生都能构成挑战，促进每个学生的发展。挑战性学习目标不仅要根据课程标准及学生实际进行科学预设，而且有赖于教学中的动态生成。

第一节　挑战性学习目标因人而异 ……………………………… 084
第二节　制定挑战性学习目标的要求 …………………………… 093
第三节　课堂教学目标的调整与生成 …………………………… 098

第五章　教学内容的调整与组织

差异教学既要有确保核心素养目标达成的共同的教学内容，也要有学生根据自己需要可选择的学习内容。要对教学内容科学加工，促进学生深度学习，从而实现挑战性目标。

第一节　设计开放可选择的学习内容 …………………………… 106
第二节　整合教学内容，促进每个学生深度学习 ……………… 114
第三节　教学内容的差异性安排 ………………………………… 127

第六章　多样化的教学方法和手段运用

　　差异教学主张运用多样化的教学方法与手段，并强调要体现启发式的要求，发展学生思维，促进学生学会学习。

　　第一节　教学方法和手段多样化的意义 ················· 140
　　第二节　多样灵活的教学方法启迪学生思维 ··············· 145
　　第三节　现代信息技术手段的运用 ····················· 152
　　第四节　促进学生个体学习方法的优化 ················· 157

第七章　同质合作组与异质合作组联合运用

　　差异教学主张课堂上学生以异质合作学习为主，互相帮助共同提高，但当学生认知差距过大时，也主张适当穿插隐性动态的同质合作，满足不同水平学生的发展需要。

　　第一节　同质合作组与异质合作组的利弊分析 ············· 166
　　第二节　同质合作组与异质合作组的联合运用 ············· 170
　　第三节　合作学习的组织、设计与培训 ················· 184

第八章　大面积及时反馈与调节教学

　　差异教学强调及时的、大面积的反馈，了解学生的动态变化的需求，以便及时调节教学，同时，针对学情反馈，对学生及时进行评价与激励。

　　第一节　大面积及时反馈与调节教学的意义 ··············· 194
　　第二节　教学反馈的要求和机制 ······················· 198
　　第三节　教学效果的评价与调节改进 ··················· 204

第九章　创设民主和谐的课堂学习环境

　　课堂是生命成长的地方。为了促进每个学生的健康成长，应建立一个尊重差异、理解差异、照顾差异的课堂生态环境。

　　第一节　尊重差异，创设民主和谐的课堂氛围 ············· 214

第二节　物理、物质环境满足不同学生需要 …………………… 222

第十章　弹性作业与多元评价

　　差异教学的课堂，既强调基本的、共同的作业，以确保学生核心素养的达成，也强调作业类型、数量、深难度的弹性，提供学生自主选择的机会。要对学生作业进行多元评价，鼓励学生用创新的方式完成作业，提高学生自主创新的意识与能力。

第一节　作业要求的共性与个性 ………………………………… 232
第二节　鼓励学生用自主创新方式完成作业 …………………… 236
第三节　多样化作业和多元评价 ………………………………… 242

参考文献 ……………………………………………………………… 251

第一章

差异教学策略概述

　　差异教学是因材施教的教学样态，立足群体中的个体，强调在班集体教学中的个性与共性的辩证统一。差异教学的有效实施离不开差异教学策略体系。

第一节　差异教学的内涵及主要观点

实施差异教学策略，首先要正确理解差异教学的内涵及主要观点。

一、差异教学的内涵

差异教学是指在班集体教学中，立足学生的个性差异，满足不同学生的学习需要，促进每个学生最大限度发展的教学。差异教学要求在关注学生共性的同时也要照顾学生的个性差异，在教学中将共性与个性辩证地统一起来，使教学与每个学生的学习和发展最大限度地匹配。

差异教学在当前倡导教育公平、促进每个人的全面和谐发展中更显重要。因为深层次意义上的教育公平是不同的学生在学习和发展上的需要都能得到满足，而每个人的情况是不一样的，每个人的和谐、最大限度发展必然是千差万别的，这就需要实施差异教学。我国现阶段积极推进素质教育，重视学生素养特别是核心素养的提高，还要进一步探索面向全体学生，促进每个学生最大限度地发展。差异教学从理念到策略方法提供了一个现实的模型。

差异教学也是实现优质教学的重要途径。从某种意义上说，优质教学是体现教学公正性、有效性的教学。因此，优质教学的重要标志是使所有学生而不是部分学生学会学习，并使他们获得最大限度的发展。布兰德特提出了一系列高效学习的特征，下表列举了其中一些优质教学原则及在差异教学上的推论。

优质教学原则及在差异教学上的推论

学习达到最佳效果的条件	差异教学必须关注学生差异的原因
1. 学习内容对个体具有意义。	1. 学生来自不同背景和拥有不同兴趣，不能保证同一个内容符合所有人的需要。

续表

学习达到最佳效果的条件	差异教学必须关注学生差异的原因
2. 学习内容处于学生的最近发展区，并且学生愿意迎接来自学习的挑战。	2. 学生的学习速度有快有慢，适合某些学生的教学可能对其他学生过难或过易。
3. 学习内容与学生的发展水平相适应。	3. 学生的学习水平存在抽象与具体之分，而学习方式偏好有独立学习与合作学习之分。
4. 学生按照自己的学习风格学习，有自由选择的机会和体验自主感。	4. 学生不可能以相同的方式来学习、做同样的选择或拥有完全一致的学习特点。
5. 新知识构建在已学知识的基础之上。	5. 学生对同一知识的掌握程度不一，所以学生的知识结构会有所区别。
6. 提供社会交往的机会。	6. 学生会选择不同类型的合作伙伴和合作方式。
7. 获得有效反馈。	7. 反馈的方式因学生而异。
8. 学习和运用策略。	8. 每名学生必须学会新策略并以不同方式运用策略。
9. 营造积极的情感氛围。	9. 学生喜欢的课堂环境会有差别。
10. 课堂环境有助于实现学习目标。	10. 学生需要不同的帮助来达到集体的和个人的目标。

从上表中我们不难看出，只有实施差异教学，才能真正体现高质有效的教学，才能真正体现有差异的学生都有平等的发展机会，也才能真正促进每个人最大限度地发展。

在三十年来的研究和实验中，我国差异教学取得一定成效。有许多教师自发地学习和实践差异教学，写下学习心得和研究文章。当然，差异教学对教师也提出更高的要求。

二、差异教学的主要观点

差异教学的主要观点有：在班集体教学中，不仅要关注学生的共性，还要关注学生的个性差异，要将共性和个性辩证地统一起来；不仅要关注学生个体间差异，还要关注学生个体内的差异，从而促进学生优势潜能的开发；强调满足不同学生的学习需要，但不是消极适应，而是从个体的情况出发，引导学生学会学习，从而促进他们发展；为了满足学生的不同需要，教师首先要转变观念，教学中给每个学生均等的学习机会，将学生的差异作为资源来开发，全方位地构建面向全体、照顾差异的教学策略方法体系。差异教学追求每个学生最大限度发展，但就班集体来说，学生必然是有差异地发展。

　　从实施的角度，差异教学强调：了解和测量学生的差异是差异教学的前提；学生的差异是多方面的，且是动态发展的，从教学的角度更关注学生智能、学习情感动机、兴趣的差异，学习主体意识、学习风格、方式的差异以及认知准备的差异、文化的差异等。教学目标既照顾差异，对每个学生来说，又必须有挑战性；课程多样且可选择，利用选修课程、活动课程、模块课程、课程资源中心等课程形态满足学生不同的需要；学生可以有自己的学习方式，教师要适应学生的不同需要，但又要促进学生的学习方式向优势方向转化；教学中既要根据学生的差异设计一些动态的、分层分类的学习活动，又要组织好合作学习，将"动态分层"和"互补合作"相结合；倡导以小班为基础，大班、小班、小组、个别教学有机结合的教学形式；针对我国目前班额较大情况，为了在班集体教学中有效照顾差异，应重视课前的准备、铺垫和课后必要的辅导训练；不只关注学生知识技能差异，也要关注情感、态度、价值观差异及学习过程、能力、方法的差异，提升学生积极的学习情感，提高学生的学习能力，促进学生全面发展；差异教学倡导多元评价，在依据一些共同的基本标准的同时，也应针对学生差异而有些弹性；学生表达成果方式可以多样化，鼓励学生标新立异；在使用标准参照评价和常模参照评价的同时，也重视本位参照评价等。

第二节　差异教学与分层教学、个别化教学

　　差异教学继承了因材施教的思想，对分层教学、个别化教学等既有所借鉴，也有所扬弃，有自己的新的立场，在思想理论、观点、策略方法等方面形成了自己的体系。

一、差异教学与分层教学

二十世纪八十年代，我国曾广泛推广分层教学，它在克服班集体教学的"一刀切"模式、照顾学生差异方面起了积极作用。但分层教学尤其是校际、班际的分层客观上形成标签效应，伤害了一些后进学生，造成教育的不公平。

分层教学主要是从认知的角度对学生进行分层。但对于学生的多方面差异，分层教学则难以解释，因为有的差异并不是层次问题。分层教学在一定程度上消极适应了学生的认知差距，容易造成差距固化现象。

分层教学主要是针对课堂的教学方法策略，而要有效照顾学生差异，仅靠课堂教学也是不够的。

从照顾差异角度说，差异教学比分层教学涵盖更广，已形成了一套方法策略体系。虽然差异教学也隐含分层分类的策略，但对分层策略有所改进，倡导动态分层、隐性分层，以减少标签效应。

另外，差异教学强调尊重差异、善待差异，给学生自主选择的机会，努力避免学生被动分层的状况。

二、差异教学与个别化教学

个别化教学是西方学者为了克服班集体教学弊端提出的，是和西方追求个人至上、倡导个性教育一脉相承的。个别化教学不拘泥于一对一的个别教学，强调每个人学习的目标、内容和速度等都可以不一样，强调要为每个学生制订个别化教育方案。

汤姆林森在《多元能力课堂中的差异教学》中认为个别化教学的做法存在两点不足。一是教师很难为全班三十多名学生各设定一套不同的教学方案。当每个学生都有各自的阅读任务时，教师不久便会感到身心疲惫。二是为了适应每名学生精确的准备水平，完整的教学过程会被分解得支离破碎，因而导致学习缺少系统性。而面对容纳不同需要的学生集体，个别化教学就更难操作了。

个别问题反映在群体中就是差异。用"差异"教学提法，并不是为了标新立异，而是表明我们的立足点在群体中的个性差异。我们既考虑学生个体差异，也不忽视学生的共性。差异教学认为学生的个性发展离不开集体活动，既要发展学生的健康个性，也要培养学生的集体主义精神。在我国大班的现状下，我们认为为每个学生制订个别化教育方案是不现实的，即使制订了，也很难将每个学生的个别化教育方案与实际的班集体教学对接。差异教学倡导并列式教学计划，强调共性与个性的统一，对个别学生的个别特殊需要才针对性地制订个别化教学计划。

我国与西方一些国家在二十世纪九十年代不约而同地开展了差异教学的研究与实践，这反映了世界范围内教育改革的共同走向。当然从我国国情出发，我国的差异教学也有别于他国的特点。

第三节 差异教学策略体系及逻辑关系

差异教学对教师的能力提出较高要求。教师提高自己的专业能力，往往从掌握教学策略入手。

一、差异教学策略

差异教学策略是差异教学的重要内容。策略是理论与实践的中介，它受制于理论，但更具体可操作；它运用于实践，但又不拘泥于一招一式。

差异教学策略是指在特定的教学任务中，为了提高教学的实效性，在差异教学理念和原则的指导下，根据教学条件的特点，对教学任务的诸要素进行的系统谋划，以及根据谋划在执行过程中所采用的具体措施。

每个策略对于实现全体学生充分发展方面着力点是不一样的，如有的侧重认知，有的侧重情感等。每个策略影响力的大小也不相同，各个策略之间也是相互影响的。这都是我们要进一步研究的。

二、差异教学策略体系

制订差异教学策略时,有一种思路是,根据学习风格的差异、学习兴趣的差异、学习准备水平的差异制订不同的教学策略。由于差异类型很多,且在动态变化中,这些差异又往往交织在一起,造成学生不同的能力倾向,使得在班集体(特别人数较多)教学中教师难以逐一应付,因此,我们主张差异教学策略应根据差异教学的概念、原理,围绕教育教学的要素,结合教师备课、上课、批改作业等主要工作来建构。在教师关注学生共性的基础上,我们主张进一步对学生认知准备的差异、情感动机的差异、学习能力的差异、交往的差异等方面进行综合研究,并在不同的教学时空对这些差异的关注有不同的侧重。

为了在教学中有效照顾学生的差异,单靠个别策略方法不能奏效。差异教学策略已构成一个逻辑体系,它们分别是:

全面、动态测查学生差异的策略;

选择性的课程与灵活安置的策略;

并列式教学计划与个别教学计划的制订与实施的策略;

提供认知前提准备与激发学习动机的策略;

预设与生成挑战性学习目标的策略;

教学内容选择和组织的策略;

多样化的教学方法与手段运用的策略;

同质合作组与异质合作组相结合的策略;

面上兼顾与个别指导相结合的策略;

大面积及时反馈与调节教学的策略;

创设平等和谐学习环境的策略;

弹性作业的策略;

扬优补缺辅导与训练的策略;

差异教学实施机制与管理的策略;

社会、家庭、学校联手促进学生发展的策略。

三、差异教学策略间的逻辑关系

差异教学策略间有内在的逻辑关系,其中测查学生的差异是差异教学的前提,课堂上差异教学策略是实施的重点也是难点,策略间相互联系、相互制约。例如,为了促进学生的发展,我们强调教学目标的挑战性,不同学生挑战性目标的差异必然要求教学内容有选择性、多样性,要求学生选择对自己有挑战性的学习内容;我们强调教学目标动态生成,就必须及时观察学生,动态测查学生学习,及时反馈教学效果;内容的多样同样要求方法多样,需要进行内容与方法的相关研究;等等。要注意的是,目标、内容、方法等范畴,不是片面的、线性的依存关系。目标—内容—方法大体反映了教学过程的逻辑,但不是绝对的,有时目标也直接制约方法。例如,为了体现挑战性的要求,教学方法就不能是注入式的,而必须是启发式的。

第四节 差异教学课堂策略及实施要领

差异教学课堂策略是围绕课堂教学要素设计的,较好地处理了集体教学中共性与个性的辩证关系,可以有效地提高课堂教学质量,促进学生素养提升。

一、差异教学课堂策略

差异教学课堂策略是围绕课堂教学诸要素如教学目标、教学内容、教学方法、教学形式、教学反馈评价等提出的,探究基于个性、面向全体的教学,以满足每个学生不同的学习需要,提高课堂教学质量,促进全体学生发展。

差异教学课堂策略是差异教学策略中的重点,也是难点所在。具体策略如下:

差异教学计划的制订与实施的策略；

认知前提准备与学习动机激发的策略；

预设与生成挑战性学习目标的策略；

教学内容调整与组织的策略；

多样化的教学方法和手段运用的策略；

同质合作组与异质合作组联合运用的策略；

大面积及时反馈与调节教学的策略；

创设平等和谐的课堂学习环境的策略；

弹性作业与多元评价的策略。

二、差异教学课堂策略实施要领

差异教学课堂策略是从差异教学内涵派生出来的。实施差异教学课堂策略的要领有以下方面。

1. 实施差异教学课堂策略必须体现差异教学的本质特征和主要观点。这就要求教师要深刻领会差异教学的内涵精髓，并对照差异教学的观点，不断反思自己的教学行为；要了解每个策略对差异教学的作用与贡献，正确理解每个策略的内涵及其蕴含的理论观点、运用范围，并掌握操作要领。

2. 针对不同特点的学生，运用差异教学课堂策略时应有不同的侧重。例如，运用"认知前提准备与学习动机激发的策略"时，要重点关注班上的中下水平学生，强调以旧引新，优化他们的学习起点，而对于班上少数高水平学生，则要求他们了解知识背景，提出关键问题，以便在课堂上发挥骨干作用。

3. 差异教学课堂策略运用于不同学科、不同年级、不同课型会有不完全相同的做法和要求。例如，运用"弹性作业与多元评价的策略"时，语文和数学学科会有不同操作，对小学生和中学生也会有不同要求，同样，不同教师也会有不同的做法。又如，新授课的认知前提准备主要是与新知识相关的旧知识技能掌握，而练习课的认知前提准备则是与练习相关的概念、公式、模型、方法等。教学是一种创造性劳动，教师应从教学的实际出发，创造性地运用差异教学课堂策略。

4. 教学案例贴近教师生活，便于教师理解课堂策略，也给教师提供教学借鉴。但世界上没有完全相同的学生和班级，生搬硬套案例的做法是有害的。我们鼓励教师从自身的实际出发，将理论和实践相结合，创造出有典型意义的差异教学的生动案例。

差异教学案例

《祝福》一课差异化策略的运用

案例描述

教学目标	1. 准确把握祥林嫂的形象特征，能够通过具体语句分析出人物的性格； 2. 以分任务方式帮助学生理解造成人物悲剧的社会根源，从而认识封建礼教的吃人本质； 3. 探究鲁迅小说中同类型女性形象的命运走向； 4. 通过分析、演绎、表达、聆听等，让不同学生在这节课都能够积极参与并有所收获。
教学重难点	深刻理解造成人物悲剧的社会根源，从而认识封建制度、封建礼教的罪恶本质。
教学方法手段	讲授、讨论、表演、表现性评价

教学内容	差异化策略
剧本杀：鲁镇疑云 * 导入 　　1924年2月，国内形势风云变幻，位于浙江绍兴的鲁镇却仿佛没有受到任何影响。正值新年，镇上热闹了起来，离乡的游子纷纷归来，家家户户都忙着杀鸡、宰鹅、买猪肉，筹备年终大典，迎接福神。此时，一场意外击碎了祥和喜乐的节日氛围。从前在鲁四老爷家做工的祥林嫂被人发现死在了镇东头的河边，头发花白，身体瘦得只剩一副骨架，搭着破破烂烂的衣服，旁边放着一个竹篮、一个破碗和一根竹竿。虽然已	课前给每个学生安排不同的课堂任务。5名学生分别扮演：鲁四老爷、祥林嫂的

续表

经全然失去了生气，祥林嫂的尸体依然大张着眼睛，给准备迎接祝福的鲁镇带来了一丝阴霾。你（教师）是鲁镇的警长，奉上司之命调查祥林嫂的死因。经过一轮调查，嫌疑人锁定在鲁四老爷、鲁四老爷的侄子、卫老婆子、祥林嫂的婆婆、柳妈这5个人身上。你将他们带到警署，展开了审讯。

显示课件（不读）

剧本类型：悬疑推理本

难度：☆☆☆

注意事项：

1. 凶手不知道自己是凶手；
2. 人物有可能隐瞒或说谎。

活动一：死者调查——祥林嫂形象探究

我们的警员经过多番调查，收集到了一些关于受害人的线索，现在请警局的同僚们一起了解分析。

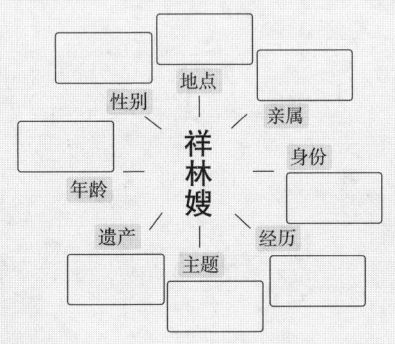

（祥林嫂思维导图：性别、地点、亲属、身份、经历、主题、遗产、年龄）

一名学生扮演警员，陈述关于祥林嫂的一些情况，并梳理死者与嫌疑人的关系。

（活动一中有一个学生需要以警员的身份记录并发言）

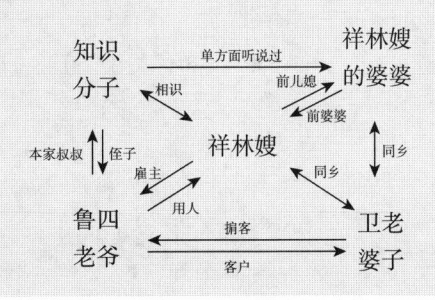

（人物关系图：知识分子—祥林嫂的婆婆（单方面听说过、相识、前儿媳、前婆婆）；祥林嫂—鲁四老爷（本家叔叔、侄子、雇主、用人）—卫老婆子（同乡、掮客、客户））

婆婆、柳妈、卫老婆子、鲁四老爷的侄子。2名学生扮演协助的警员。其余学生扮演参与的警员，需要在案件侦破中发表自己的观点。

思维导图启发，情境分析探讨。

***活动二：疑犯盘问——分析作案动机** 【开场】 　　大家肃静！我是——警长，专门来查你们这个案子的。想必各位也都知道，祥林嫂（顿了一顿，眼神严厉地扫向众人）昨天死了，死因我们暂时还不清楚，不过我想你们之中，一定有人清楚。（此处教师扮演警长开场） 　　现在正是迎福神的重要关头，我们长官对这个案子高度重视，必须马上破案，不然招福神不待见，咱们鲁镇这一年的好运气也算是完了，大家谁都不好受！所以，希望各位好好配合我的工作，知道什么都赶紧说出来，尽早抓到凶手，让逝者安息，咱们也都能好好过这个年。 【第一轮盘问】 　　一名学生扮演警员盘问嫌疑人，一共盘问5个嫌疑人。 一 　　你（学生扮演警员，下同）：你们先告诉我，你们和死者有什么过往？谁先来说？ 　　鲁四老爷（忙不迭）陈述（学生扮演）。 　　分析：鲁四老爷"是一个讲理学的老监生"，是封建思想的坚决捍卫者，他思想僵化，反对社会的一切变革。开始对祥林嫂他只是讨厌，认为她是一个寡妇，但还能容忍。后来祥林嫂再嫁，鲁四老爷不能容忍，"祝福"时不让她沾手，她死后还骂她是"谬种"。 二 　　你：祥林嫂的婆婆，当初祥林嫂不愿意离开鲁家，你喊人把她给绑走了？ 　　祥林嫂的婆婆陈述（学生扮演）。 　　分析：祥林嫂的婆婆把祥林嫂当私有财产一样买卖。 三 　　你：卫老婆子，是这样吗？ 　　卫老婆子陈述（学生扮演）。 　　分析：卫老婆子以介绍人打工为职业，从中谋利。 四 　　你：柳妈，你在鲁家做了这些年，觉得她在鲁家怎么样？ 　　柳妈陈述（学生扮演）。 　　分析：柳妈是当时普通民众的一个代表。	学生个性表演，差异资源利用。

续表

五

你：那个书生！我看你神情不对啊，怎么一直不说话？你知道什么，统统说出来！

鲁四老爷的侄子陈述（学生扮演）。

分析：鲁四老爷的侄子是一个小资产阶级知识分子。

【第一轮线索】（由一个学生整理线索并发言）

这时，你的一名下属走过来，递给你一张纸条，上面是他最新查明的线索。

人物	线索
鲁四老爷	祥林嫂第一次来鲁家做工时，一个人干了家里所有的活，鲁家没有再添短工。
祥林嫂的婆婆	祥林嫂改嫁当日，一头撞在香案桌上，头上破了一个大窟窿。
卫老婆子	村民说，卫老婆子和祥林嫂的婆婆关系很好，经常在一起说话。
柳妈	有人说，柳妈曾经跟祥林嫂讲过地狱的事情，让她心神不宁。
鲁四老爷的侄子	祥林嫂死前几天，曾在路上与鲁四老爷的侄子说话。

【第二轮盘问】

另一名学生扮演警员盘问嫌疑人，一共盘问5个嫌疑人。

一

你：鲁四老爷，你有没有剥削祥林嫂，让她一个人顶好几个人的工？

鲁四老爷陈述（学生扮演）。

二

你：祥林嫂的婆婆，听说祥林嫂改嫁当日又哭又闹，很不情愿，一头撞在香案桌上，鲜血直流，是不是你逼她改嫁的？

祥林嫂的婆婆陈述（学生扮演）。

三

你：卫老婆子，你平日里和祥林嫂的婆婆往来密切，在第一次把祥林嫂介绍到鲁家之前，真的没有和她婆婆通过气吗？

卫老婆子陈述（学生扮演）。

分析：利欲熏心、毫无人情味、虚伪狡黠。她以介绍人打工为职业，从中谋利。即使对祥林嫂这样一个善良、安分耐劳、命运悲惨的人，也把她当作自己谋取金钱的工具。

四

你：柳妈，你是不是跟祥林嫂提过什么地狱的事？

柳妈陈述（学生扮演）。

分析：她是一个深受封建礼教与迷信思想毒害的人。她是个无聊而冷漠的"看客"。

五

你：你最后一次见祥林嫂，跟她说了些什么？

鲁四老爷的侄子（迟疑地）陈述（学生扮演）。

【第二轮线索】

这时，你的另一名下属走过来，递给你一张纸条，上面是他最新查明的线索。

人物	线索
鲁四老爷	有短工看到，鲁四太太不让祥林嫂动祝福礼的祭品，给祥林嫂造成了很大打击。
祥林嫂的婆婆	祥林嫂改嫁给贺老六的时候，祥林嫂的婆婆收了贺老六八十千，用这笔钱给儿子娶了媳妇。
卫老婆子	鲁四太太第二次决定收下祥林嫂后，卫老婆子仿佛卸了一个重担，长出了一口气。
柳妈	有人说，祥林嫂讲起自己失去儿子的故事时，柳妈总是很不耐烦。
鲁四老爷的侄子	鲁四老爷的侄子在祥林嫂死后匆匆离开了鲁镇。

看完这些线索，你逐渐意识到了真相。

你在公文上写下，害死祥林嫂的是_____。

警员各抒己见，分析认定凶手的原因。（假设几种可能）

观点一：是鲁四老爷杀害了祥林嫂。

祥林嫂初到鲁镇的时候，他皱了皱眉，讨厌她是一个寡妇；祥林嫂被婆家抢回,他说"可恶""然而",前者是觉得用人被绑走,有损他的尊严,后者是觉得祥林嫂婆家的做法理所当然。祥林嫂再到鲁镇,他说她"败坏风俗",祝福时不让她沾手,使她遭受了精神上的打击。最后,鲁四老爷将祥林嫂赶出了家门,使她沦为乞丐而死去。祥林嫂死了,他还骂她是个"谬种"。所以是鲁四老爷在精神上把祥林嫂一步步逼上了死路。

观点二:柳妈是杀害祥林嫂的凶手。

柳妈是杀害祥林嫂的凶手。她向祥林嫂讲鬼神的故事,使祥林嫂对死亡产生了恐惧。祥林嫂才会积存工钱到土地庙捐门槛,以为这样就可以赎罪。然而,后来四婶仍不准她参与祭祀,于是她的精神崩溃了。

观点三:鲁镇人也是凶手。

鲁镇人也是凶手。他们对祥林嫂的悲惨遭遇不但没有同情,反而拿她的痛苦开玩笑取乐,甚至挖苦讽刺她。人情冷漠、世态炎凉使祥林嫂遭受了巨大的精神打击。可以说他们也是凶手。

观点四:许寿裳说《祝福》的主题是"不惨在狼吃阿毛,而惨在礼教吃祥林嫂"。故这个元凶是藏在鲁四老爷、四婶和鲁镇背后的封建礼教,是封建礼教指使这些人杀害了祥林嫂。

**** 活动三:找出凶手——复盘"祝福"深意

《祝福》是鲁迅最著名的小说之一,收录在小说集《彷徨》中。我们都知道,这篇小说揭示的是半殖民地半封建社会中农村劳动妇女的悲惨命运。

但是,当我们试图量化小说中每个角色的责任,却发现答案并非那么清晰。站在每个角色的角度来看,他们都有自己行事的逻辑。在这个吃人的社会里,他们或许都分了一杯羹,但没有一个人是刽子手。

有人认为,祥林嫂的悲剧反映了中国旧社会文化的整体性问题。在这样的文化环境之下,人与人之间都存在隔膜。

这种隔膜不能简化为"斗地主"的故事,鲁四老爷给她吃穿还有工资,她心情愉快而且白胖了;她的婆婆强行把她卖了,本来违背了她的意愿,不能说不惨,但是祥林嫂的生活最终还是好起来了;没想到丈夫逝去、孩子也被狼叼走了,而镇上的老百姓却不断让她讲述自己的过去来赏玩痛苦……

在这里,地主与知识分子,地主与劳动人民,知识分子与劳动人

大面积及时反馈学生对祥林嫂死因的多元认识,教师调节教学,及时引导。
教师画龙点睛,及时总结提升。

民，甚至劳动人民之间，都无法相互理解。鲁迅没有在小说中树立任何一个彻彻底底的反派人物，是为了向读者说明：祥林嫂的死，是由于整个旧社会的合谋。

【思考】

鲁迅为什么用《祝福》作为文章的题目？

关于"祝福"："祝福"是旧时浙江绍兴一带曾经流行过的一种迷信习俗。每当旧历年底，地主和有钱人家举行年终大典，杀鸡、宰鹅、买猪肉，并将三牲煮熟，作为"福礼"，恭请天圣和祖宗享用，感谢他们保佑当年平安，并祈求来年幸福。

祥林嫂的惨死和天地圣众"豫备给鲁镇的人们以无限的幸福"的气氛形成鲜明的对照，反衬出祥林嫂惨死的悲凉，深化了小说揭露旧社会杀人本质这一主旨。

【拓展对比】

鲁迅笔下的母亲形象

鲁迅小说中所塑造的形象是丰富的，其中有很多母亲的形象，如我们在小说《明天》之中所读到的单四嫂，在小说《药》中所出现的华妈和夏四奶奶，再如《祝福》之中的祥林嫂，这些都是出现在鲁迅笔下的典型的母亲的形象，她们虽然分属于不同的生活领域，但是却都扎根于相似的社会土壤。对于这些母亲形象的阅读，我们既可以独立的去品味他们的形象描摹，也可以通过联系、组合来看作者笔下所要反映的社会现实和批判指向。我们如将祥林嫂和单四嫂这两位母亲形象进行比较阅读，来思考她们之间的相似、不同与联系，可能会体会出更多的意味。

（审题，思考、对比，引向深度学习。）

***** 作业布置

作业（二选一）：

1. 请以鲁四老爷侄子的口吻，写一段内心独白，表达对祥林嫂人生悲剧的态度。（不少于300字）

2. 请在鲁迅的其他作品中找出一个"母亲"，分析其与祥林嫂的异同。（不少于300字）

（尊重多元，选择作业。）

（刘溪　新东方扬州外国语学校　高一语文）

案例分析

该课中教师为了帮助学生深入理解祥林嫂的死因，运用剧本杀形式，让学生扮演角色，在情境中体验、理解旧社会杀人本质，使学生的差异成为资源。教师尊重学生多元理解，一步步引导学生思考，审题、对比，深度学习和探究，从而提升学生语文素养。

《杠杆》复习课差异教学

案例描述

一、氛围创造，激发学习动机

从教育心理学的角度来说，学习兴趣是一个人倾向于认识、研究获得某种知识的心理特征，是学生自主学习的内在力量。当学生对某一学科有学习兴趣后，就会激发其学习动机，主动地去获得知识，从而提高学习效果。所以，教师在教学过程中应该设计更多的符合学生认知、联系生活实际、展示学科魅力的活动，为学生提供尝试学习的机会。

基于学生在新课教学中的知识掌握情况，教师在本节课前设计了"制作一把杆秤"的活动，要求学生写出制作杆秤时遇到的困难，以及关于杆秤还想了解的知识。

通过此活动，让学生在经历科学发明的过程中激发学习兴趣，同时又起到检测作用，检测学生能否对杆秤中的五要素进行分析，能否应用杠杆平衡条件对杆秤进行刻度的标注等。

在本环节中，有的学生遇到制作困难，提出了以下问题：

生1：杆秤的提纽应设置在杆秤的什么位置？

生2：如何为杆秤标上刻度？

生3：杆秤的刻度是否均匀？

生4：如何提升杆秤的称量范围？

还有学生在制作过程中提出了想要了解的知识：

生5：杆秤是由谁发明的？

生6：是不是所有的杆秤结构都是一样的？

生7：生活中的杆秤为什么有两个提纽？

在学生完成制作后，教师点评学生自制的杆秤，如杆秤的长短、秤砣的选择等，记录学生所提出的困难和问题，对学生的已有知识、能力储备进行分类，同时有选择性地将成果和问题在课前进行呈现，肯定学生积极动手、动脑的学习热情，鼓励其在复习课中的自我提升。

成效分析：此课前任务的布置使学生学习杆杆的热情大大提高。每一位学生都能积极利用身边的物品，自主地观察标准杆秤的结构并进行模仿。虽然做出来的杆秤各种各样，但是在制作过程中学生都能分析杆秤中的杠杆五要素，清楚其中的不变量。通过个体间的比较，学生发现不同的杆秤在能否正常使用上出现了差异，有的量程小，有的没刻度，从而激发了求知欲，提高了课堂学习的效率。

二、递进目标，挖掘学习潜力

教学目标的设定应该是面向全体学生的。要根据学生已有的知识情况和教材内容进行分析，对教学目标进行差异设定，要求不同学生通过学习提升达成不同的目标。教学目标的设定不能太简单，也不能太难，应根据学生的差异，分层设定在不同学生最近发展区内，做到基础目标人人过关、中等目标基本达成、挑战目标自主提升，要让学生对目标实现有兴趣，产生主动学习的动力。其中，挑战性目标并不是唯一的，它是从课堂实际出发，根据学生的学习状况不断修正设定的。不同学生的发展潜能不同，所谓的挑战就应该是既面向全体学生又有所区别的。

教师对这一节初三杠杆复习课设定了以下教学目标。

1.基础目标：能说出杠杆的五要素，会分析杆秤的五要素；能利用杠杆平衡条件进行简单计算，会分析简单的杠杆动态变化；经历科学发明的过程，培养实事求是的科学态度。

2.中等目标：学会观察生活中的杠杆，并能对生活中的常见物品进行杠杆建模；能利用杠杆平衡条件，解决杆秤的实际问题；能设计实验为杆秤标注刻度，提升实验设计的书写能力。

3.挑战目标：能够依据理论分析解决生活中各类杠杆问题，并用语言表达分析过程。

成效分析：本节课的教学目标层层递进，从知识到能力，具有一定的深度和广度。当学生通过学习达成了所有的基础目标后，中等目标和挑战目标也就引发了他们继续完成的动力，缩小了生生之间的差异。

三、学案导学，检测已有认知

充分的教学准备是差异教学课堂实施的关键，是初三复习课关键点达成的前提。教师应在课前对学生知识差异、能力差异进行个体分析，找出学生的知识薄弱点和能力特长，将学生进行分类，尽可能保证在一个小组内有擅长知识记忆、数学推导、动手制作等不同能力的学生，但又做到小组之间的同质。

学生学情的分析可源于新课教学过程中的作业完成情况、考试答题情况，也可在复习课前设计前测内容，通过一定的活动设计或答题统计，了解不同学生所处的知识层次和能力层次。

针对学生的认知差异和教学目标，教师以导学案为载体，设计了以下内容作为课前学生完成的基础过关部分，同时利用智慧教育技术对前测的答题情况进行统计，及时调整课堂时间在不同环节的分配。

过关一：杆秤的平衡条件。

如下表所示，秤杆自重不计，分析秤盘中有无物体时杠杆五要素的含义，并写出两种状态下的杠杆平衡条件表达式，得到$G_{物}$表达式。（设物体重力为$G_{物}$，秤砣重力为$G_{砣}$，秤盘重力为$G_{盘}$）

杆秤	动力F_1的大小	阻力F_2的大小	画出五要素并写出平衡条件表达式	结合两个平衡条件关系，得出$G_{物}$的表达式
提纽	$G_{盘}$	$G_{砣}$		
提纽	$G_{盘}+G_{物}$	$G_{砣}$		

思考：用同一杆秤称量物体时，杆秤水平平衡后，秤砣悬挂点越远，表示的物体质量越_____。

过关二：如何为一把杆秤标上准确的刻度？写出所需器材、实验步骤，并观察杆秤的刻度是否均匀。

成效分析：选择合适的差异教学策略应用于初三科学复习课，要立足学生学习的现状，匹配学生的认知水平和发展水平。本节课，教师根据学生的前测情况，对已学习的教材内容进行再加工、整合，创造性地设计满足不同层次学生需要的教学行为。一方面反馈了班级整体的答题情况，另一方面帮助学困生具备必要的基础知识，特别是帮助他们加深对概念、原理的理解，缩小学生之间的差异，同时促进学优生科学素养的提升。

教师按照初三答题采分点，在课前对以上内容进行批改，发现学生在五要素分析时对受力物体判断有差异，大部分学生能利用平衡条件列式，但对于数学推导杆秤称量原理，还需进一步分析。此外，在课前制作杆秤活动中，不少学生仅仅制作出了杆秤的基本结构，对于杆秤刻度的标注及规律，无法结合杠杆平衡条件加以分析。

四、合作交流，兼顾辅导

按照我校差异教学实践中的内生课堂的流程，在个体独立完成导学案的基础上，学生将在课堂中以小组为单位进行生生间交流互动，解决导学案中的疑难问题，在合作交流中学会相互帮助，实现学习互补，增强合作意识。小组讨论展示中以中等学生为主讲人，学习能力弱的学生根据讲解订正学案，组长则对讲解进行补充和变式。此时，教师要巡视各小组，帮助学生解决问题。在巡视时要善于发现小组中存在的问题以及好的解题方法，做到面上兼顾全体学生的学习过程，同时不失对学困生的当堂个性辅导。

本节课课前基础过关的两个任务，作为原有小组讨论要求，在一个小组内可由不同层次的学生分别进行讲解。学困生主要学习目标是杠杆五要素作图及简单式子的罗列。在学困生讲解时，组长和副组长都可以对其进行个别指导。同时，教师将带着红笔进入组内，对课前统计错误率较高的学生当面进行订正批改。在分析推导杆秤称量原理中，学生或缺乏生活经验、或数学推导能力弱等，需要同一小组成员互补完成。

五、任务挑战，隐形动态分层

在小组合作模式下，每个班级都有自己固定的小组，按照组内异质、组间同质的原则，小组内一定存在学生差异。此时，如果所有的活动都以原小组展开讨论，将无法满足所有学生的能力发展需求。教师可以在课中提供1~2个挑战性任务，由学生自由选择分组完成，既尊重了学生的选择，又实现了课堂内隐形的动态分层，让学习能力相近的学生在一起讨论，有竞争，也有互助。

在本课中，同样利用杆秤问题，教师设计了以下两个挑战题来升华杠杆平衡条件的分析。

挑战一：能用自制杆秤称量出身边物体的质量。思考如何增大杆秤的量程，并根据杆秤的平衡条件分析。

挑战二：现有一把丢失秤砣的杆秤和三个秤砣，已知其中有一个是标准秤砣，一个质量大于标准秤砣，一个质量小于标准秤砣，如何用实验的方式找到标准秤砣。思考若秤砣实际质量小于标准质量，则悬挂点距离提纽的变化，并根据杆秤的平衡条件加以分析。

成效分析：在复习掌握了一定的基础知识、具备了一定的分析能力后，学生在课堂中依据个人的学习兴趣、学习能力，自选任意一道挑战题，根据选择重新组成小组讨论。两道挑战题都源于课前自制杆秤时的学生思考，在尊重学生选择，激发学习兴趣的同时，鼓励相同层次的学生互相交流激励，让他们跳一跳就能够得着，从而获得成功的喜悦。

从考点分析，两题都考查了学生平衡条件的列式，分析五要素的关系变化。从解题角度来看，学生都可通过一定的生活经验得到增大量程的方法，并为杆秤找到正确的秤砣。结合中考考纲要求，两题都为能力较好的学生提出了书写推导过程的要求。

六、星级作业，促进知识迁移

作业是课堂教学是否有效的重要反馈手段，同时也是学生在学习后自我检测、能力提升的重要环节。作业的设计既要考虑基础知识的巩固与反馈，又要创造机会，让学生运用已有知识从特殊到一般，能够举一反三，提高运用知识解决实际问题的能力。因此，教师对作业赋予了星级，让学生能够清楚地了解每一道题对应的能力层次，将选择权还给学生，激励他们向上递进的信心，让低层次的学生获得一定成功的喜悦，让中层次的学生不会因为作业太难而丧失动力，让高层次的学生提升自主探究的能力。

1. 图1是一把杆秤的示意图，O是秤杆的提纽。若秤砣质量为2 kg，秤盘质量0.5 kg，秤杆质量忽略不计，秤盘到提纽的距离为10 cm。

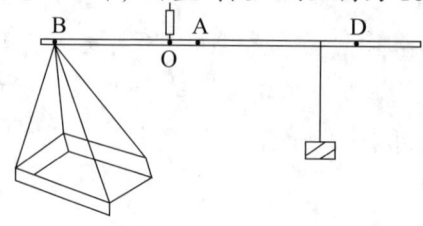

图1

★（1）零刻度A到提纽的距离为_____cm。

★★（2）若托盘处放入某一物体，移动秤砣使杆平衡，此时秤砣距离提纽15 cm，则该物体的质量是_____kg。

★★★（3）若秤砣增重一倍，则重新制定的刻度读数为原来刻度的_____。

★2. 画出图2中小和尚挑水的杠杆五要素。

★★3. 图3中小和尚甲和小和尚乙在抬水时发生争论，甲总认为自己抬水用的力更大。于是他们找来老和尚评理。如果你是老和尚，你会怎么说？

图2　　图3

成效分析： 以上设计的作业，有结合课堂实例的练习，在练习中依据难度分设三个星级，也有从杆秤变化到扁担问题，利用杠杆平衡条件进行具体问题的分析，考查学生知识迁移能力。此份作业的一、二星题目要求所有学生均需完成，三星题目由学生自主选择完成。在尊重学生个体差异的同时，为不同类型的学生提供不同的选择，让每一个学生都能达到自己的理想和目标，都拥有属于自己的成功和喜悦。

（郑蔚玮　浙江师范大学附属杭州笕桥实验中学　初三物理）

案例分析

差异教学的实施是当下倡导教育公平，促进每个学生的全面和谐发展、实现优质教学的重要途径。本课教师充分尊重学生的个体差异，实施递进目标、学案导学、合作交流、任务挑战、星级作业等差异教学策略。每个教学环节的设计都能让不同层次的学生有所收获，感受成功的喜悦，使学生逐步形成自主学习的习惯，学习潜能得到了较好的开发。

第二章

差异教学计划的制订与实施

教学计划是对教学的预先谋划和总体设计。在教学中为了有效照顾学生的差异,首先要制订差异教学计划。差异教学计划由并列式教学计划与个别教学计划组成。

第一节 单元教学设计

教师要加强单元教学计划的设计,并通过单元教学,有步骤地、系统地落实单元核心素养的目标要求。

一、单元教学设计的内涵

传统的教材单元主要是知识内容的单元,现在所说的教学单元,主要是为实现特定的素养目标,围绕一定的主题组成的教材知识与经验的模块,更多融入了教师对教学创造性的思考。单元教学设计是教师在对学生调查了解的基础上,为了实现单元素养目标,对单元教学内容所做的整体规划,不只是教的设计,还包括学的设计。促进学生思维发展与积极情感体验是教学设计的关键。满足学生的不同学习需要是教学难点之一。

二、单元教学设计的内容

1. 梳理教材单元内容。纵向了解该单元内容与上下单元内容的衔接,横向了解该单元内容与其他学科内容、生活实际的联系,了解教材提供的素材资源,以及信息网络可供利用的资源。

2. 了解该单元在核心素养、学科素养中的教学功能,确定结合点、重点。

3. 对各部分内容素养达成的特点进行分析。重点分析素养达成的基础,如前备的知识、技能、情感、经验等。进一步调查了解学生在上述方面的差异,预测一些学生素养达成的可能障碍,以便单元教学前作必要的认知铺垫和情感准备。对拔尖的学生要设计素养的拓展延伸内容。

4. 结合以上分析,根据各素养达成的特点,设计教学主题、项目与教学策略。将事实性知识、概念性知识、程序性知识、策略性知识、信念性知识统筹安排，尽可能让学生在同一时间内学习全部关联性知识，从而帮助学生自主建构。内容安排要有弹性、可选择。在单元设计中还要考虑教学问题的凝练、教学情境的创设、学习活动及方式的安排等。教师是单元设计的主体，但要让学生参与进来；教师要有自己的学科立场，但也要与其他学科教师合作共商。为了达成单元核心素养的要求，单元内的课型可以是新授课、实践课、活动课等，也可以是大班课、小班课，甚至是小组活动，可以根据需要灵活安排。

差异教学案例

《影响城市形成和发展的因素》单元设计

案例描述

一、教学设计

1.教学目标、任务。

教学目标：掌握影响城市发展的因素；掌握分析城市发展影响因素的方法，学会阅读材料，分析、提取地理信息，并进行判断、预测、评价，提升解决实际问题的能力、表达能力、自我展示能力；通过差异化角色设计，激发学生对地理课的学习兴趣；通过生生互动，培养竞争、创新、合作意识；帮助学生树立正确的城市发展观念；培养学生责任意识。

教学任务：教师在分析教学目标的基础上对当前所学知识中的基本概念、基本原理、基本方法和基本过程进行整合，先确定当前所学知识的主题，即学生运用城市发展影响因素理论分析实际问题，然后再围绕这个主题创设相关的、尽可能真实的情境。

2.全单元课时计划。

课时	内容
1	激发情感，引入研讨会情境；讲授城市起源、发展的知识。

续表

课时	内容
2	讲授影响城市发展的区位因素。
3	讲授城市化、城市问题的知识。
4~5	活动课：学生利用网络、图书馆及实地考察，准备研究课题和发帖，教师针对活动问题适当指导（结合课外时间）。
6	举办影响北京城市形成和发展的研讨会，在全班完成展示成果（本研究课）。
7	进一步探究北京城市化问题，结合上节讨论结果，探索北京未来发展。

在此期间及单元课后一周内，学生也可找教师口头完成作业或选择书面完成作业后上交或在 BBS 论坛上发表展示。

后续工作：师生、生生互相评价成果（网上投票与课堂总结相结合）。

3. 选择主题。

在第六单元学习一开始向学生出示任务（建立情境）：要举办影响北京城市形成和发展的研讨会。

思考：北京为什么能成为中国首都并持续到现在？

讨论课题：

影响因素	地形	气候	河流	自然资源	交通	政治	军事	宗教	其他
北京分析									

选题：从上表中选择你感兴趣的主题（如北京城市发展与河流的关系），可以自己加主题（如选其他，或讨论其他城市与北京的比较）。

合作：自愿组成 4~5 人的小组，选择任务、角色。

4. 角色设计。

角色		基本学习活动	对应的学生差异		
			多元智能	学习类型	认知风格
发帖组	收集资料、文字编辑	利用网络或图书馆查阅资料，为全组发帖提供支持，或能够写出帖子的文字	语言、逻辑	视觉、听觉	场依存 场独立
	图片美工	研究本组帖子，添加图片并美化处理	空间视觉	视觉	场依存 场独立
	文字录入	录入帖子	身体动作	动觉	场依存
	发言人	口述给教师或在全班发布（独立完成或与人合作）	语言	听觉	场依存 场独立
评价报道组		制定评价标准（合作讨论或独立制定），评价各组的帖子和表现（讨论、投票，或全班提问发言）	语言、人际	听觉	场依存 场独立
实地考察组	导演	合作制作DV《厂桥地区的变迁》	语言、人际、逻辑	视觉、听觉	场独立
	摄影		空间视觉	视觉	场依存 场独立
	演员兼解说		语言、身体动作	听觉、动觉	场依存 场独立
	文字编辑		语言、逻辑	视觉、听觉	场依存 场独立
	制片		语言、人际	视觉、听觉	场依存 场独立

5. 信息资源设计。

学习本主题所需信息资源分一次资源和二次资源。

一次资源主要是教材、网上信息、图书馆和教师个人备课资料，以及学生实地对学校附近厂桥地区的考察。这是学习的基本素材。教师在全单元的学习中为学生获得这些信息提供便利，如课堂上各组具有活动、上网、去图书馆的时间，课间开放教师办公室的备课资料甚至教师的教案。教师还在单元教学开始时与各组讨论如何有效地利用这些资源等问题。

二次资源主要是学生处理信息后在BBS系统上发表的讨论帖、评价标准帖，以及剪辑拍摄的小DV《厂桥地区的变迁》（也上传到BBS系统上，可以在线观看）。对这类资源的补充、学习、讨论和评价主要在研究课上进行，用引导和集体讨论方式，点拨触发学生思维。进一步的补充、学习、讨论和评价可以在网上BBS开放环境下随时进行。

二次信息资源都放到BBS学习平台上。

（教学后教师发现时间不太充裕，导致学生对信息的收集、处理有表面化倾向。这也与教学内容过多有直接关系。）

技术准备：学校拥有两个标准50人可上网计算机教室，上课也可以在计算机教室进行，几乎所有学生家里都有上网计算机，这都保证了学生可以自由上网；教师与学校电教部门合作，采用ASP技术制作论坛。

6. 协作学习环境设计。

起始阶段各组划分与角色设计力争体现学生差异与多种情境，如发帖组适合语言、数学逻辑智能优势的学生，评价组适合基础稍差、自省智能优势的学生，实地考察组适合身体动觉和空间智能优势的学生，以便学生在自主探索过程中多样化学习。

整个学习过程中要坚持各环节的开放和可选择，如学生提出问题、展示成果时都可以用个性化的形式。

本单元每一节课都抽出一部分时间供学生小组活动（前3节课每节10分钟，第4、第5节课是整节课时）。整个协作学习过程由教师组织引导。协商与会话是协作学习的主要形式。协商与会话过程主要通过语言、学生的相互作用（竞争与合作活动——包括室内室外、课内课外、同组内与不同组间、同班与不同班之间）基于Internet的网络环境，为超越时空和地域的协作学习创造良好的条件。BBS系统实现了课内与课外的结合，不同组间、不同班级在课外更大范围的交流。另外，地理学科和历史学科的教师、其他学校的教师也在网上参与了讨论。用了BBS后，就不用安排全班学生在上课时间听各组的展示汇报，许多讨论可在课外网络上进行,这大大节约了时间,提高了效率,也更适合于学生的差异。

二、实际课堂(第6课时):北京形成与发展影响因素研讨会

根据主题相关的实际情境确定真实问题("抛锚")——召开"北京形成与发展影响因素研讨会",实际上就是进行任务驱动的网络环境下的开放式学习。

1. 导入阶段(一):呈现学生学习任务。

教师提示学生注意:我们尝试全程模拟专家研讨会,假设要合作为市政府提供一个北京形成与发展影响因素的报告,以供北京未来发展借鉴。我们的每一个帖子,最终要成为报告的一部分。

要求:每个发帖组要力争获得尽可能多支持;通过讨论交流修正完善自己的研究成果;展示自己的才华,竞争成为北京发展专家。

2. 导入阶段(二):播放展示实地考察组拍摄的DV《厂桥地区的变迁》。

教师设计了一个"视频拍卖"的环节,在播放时一小段一停,请各发帖组"抢走""认领"表现了自己选的影响因素的内容,培养学生阅读视频材料、分析提取地理信息并进行判断的能力,这些能力也是21世纪的基本信息素养要求。

3. 课堂提问和答辩。

学生间的提问和答辩是为他们创造自己提出问题、自己解决问题的机会。这种问题对教师和学生来说都是未知的,解决问题的方法和答案都是开放多样的,有利于学生的深刻理解。

由于课堂时间有限,提问和答辩采用口头和网络同时进行,由学生自愿选择,并可以互相协商讨论。这也是针对学生差异的教学设计,既适应语言优势者,又适合打字快的动觉优势者。

答辩只给自愿的两个组各5分钟时间,这是对学生信息提取和综合能力的锻炼。最终答辩时,学生面对许多网上和当堂口头提的问题,可能想要当堂答辩。此时,教师应适时提示时间已到,引导学生课后在网上继续讨论。

4. 提出引起争论的问题以帮助意义建构。

除了以上提到的情境和分组设计,教师还提出了能引起争论的初始问题,即自己所选的影响因素对北京城市形成和发展所起的作用有多大,要求学生在发帖时写明。

实际上，学生在估计权重时在本组内部就产生了分歧。教师设计了将讨论引向深入的后续问题：为什么我们对不同因素的重要程度、权重产生了分歧？应该怎么理解这种分歧？哪些因素最重要？

就这样，一步步引导学生认识到不能轻易给一个影响因素下结论，因为不同历史阶段、不同社会经济水平、不同地区，同一个因素的作用会发生变化。而且，各区位因素是相互联系和影响的，城址的确立，是一定区域内多种地理因素综合作用的结果，实际上是区域特征在城市问题上的一种表现。

5. 课堂突发情况。

两个试验班中一个班完全按教师预期，讨论因素权重——争论——讨论总结出影响因素的变化和综合作用。而另一个班则出乎教师的预料，几乎所有发帖组在帖子里都没有写明教师一再要求的该因素占北京发展的权重。

在课堂讨论时，教师走到学生身边，与几个组交换了看法。学生说定权重时本组内部发生了分歧，经讨论认为轻易就定权重不合适，如一个负责宗教因素的组就直接指出不同历史阶段宗教权重不同，且不好定量。

面对突发情况，教师调整了这个班的后续问题，改问学生："你们为什么不回答我学习一开始就要求的问题——给你所选定的因素定权重？这算没完成作业……"

学生自发起来反驳教师，指出定权重这个要求本身的问题。这自然引到各因素的变化和相互影响上来，在争论中完成了全课最重要的意义建构。

教师最后总结说："其实我让大家先定权重，就是一个'陷阱'，没想到咱们班同学没往这个坑里跳，打乱了我原来的课堂教学计划，但我很高兴！"

当时，学生冲着教师微笑，感觉课堂和谐融洽。

6. 课后作业。

尝试细致地总结各因素对北京城市形成和发展的综合影响。

任选以下方式：

可以是数学、物理、化学的建模，可以引入生物生态原理或 DNA 编码，可以用语文上的比喻，甚至可以试着用音乐或美术来表达，计算机能力强的同学可以设计程序算法，还可以用一套体育动作来尝试表达。这其实是一个学生的自我小结，设计成开放形式，以适应学生的兴趣和多元智能优势。

三、学习效果评价设计

评价内容主要围绕三个方面：自主学习能力、协作学习过程中做出的贡献、是否达到意义建构的要求。评价既要使学生不感到任何压力、愿意去进行，又能客观地、确切地反映每个学生的学习效果。评价仍利用网上BBS系统的投票功能进行。

对全体学生的投票要求是：投票评选讨论对北京发展最重要的三个因素、北京城市发展最主要的优势区位因素、最主要的劣势区位因素、未来对北京发展最重要的因素等；投票评选出最佳帖子；投票评选出全场最佳风度、最佳口才、最精彩问题、最精彩答辩和北京发展专家各1个（候选人为当堂所有发帖、发言的人）。

评价过程是全开放的，课上课下，全年级参与。

四、教学反思

该行动研究是从差异教学理论出发，根据学生不同的学习类型、认知风格、准备状态等设计开放式课堂教学情境，让学生自己选择喜欢并胜任的角色来参与教学，以学生在智力、认知及学习类型的优势方向为突破口，力争使学生在学习中得到乐趣。

试验校作为全国重点高中，学生能力较强。学生围绕学习主题，分组自主学习，然后在全班发布自己的研究性学习成果。全体学生讨论的学习形式早已为学生所熟悉。发布这一环节是不可缺的。只有不同风格学生的展示交流才能使学生产生相互影响，使学生不仅以自己的优势学习，也能学习别人的优势。但这种课型一个现实的缺点是占用课堂太多时间，易偏离学习主题。在高中教学中，尽管展示会和讨论会情境是一个较好的尝试，但该情境似乎更适合语言、人际交往智能优势的学生。在讨论课上，往往有些学生"垄断了课堂"，而有些学生则没能真正参与讨论。

教师试图突出网络BBS的个性化与可同时交互的特点，为学生提供更开放可兼容的学习平台，提高课堂讨论的效率，使课堂讨论向多样化、个性化、兼顾不同学生特点的方向转化。

这节课受到了学生的肯定和喜欢。课后是"五一"小长假，其间教师上网时发现仍有学生跟帖讨论，后续作业也陆续上交。

我们认为，差异教学中培养和谐、互助、互动的学习型集体是高中差异教学成功的关键之一。集体中学生学习可以是竞争，可以是个别化学习，也可以是协作。网络BBS技术帮助实现了基于Web的全方位协作学习系统，能包含以上三方面的学习组织形式，而且方便随时转换。

（刘刚　北京市第四中学　高二地理）

案例分析

该单元教学尝试建立一个支持协作学习的网络教学支撑平台，提供学习风格测量、分组、学习、交流合作、学习效果评估和协作绩效评估等功能。系统根据学生的学习风格建构学习环境、提供学习资料、安排学习任务、参与小组学习、实施绩效测试与评价，将研究型学习和协作学习相结合，将传统课堂与网络学习相结合，提供了个性化的学习空间。但还需进一步科学安排教学时间，提高教学效率。

第二节　并列式的集体教学计划及其制订

教学计划是对教学的总体设计和安排。为了在班集体教学中有效地照顾学生差异，我们提倡并列式教学计划，必要时辅之以个别教学计划。并列式教学计划是针对班集体教学的计划。

一、并列式教学计划

并列式教学计划从内容方面来说，和其他教学计划一样，也包括教学目标、教学内容、教学措施等，只是在形式上分为两部分，一部分的教学目标、内容、措施等是针对班集体学生的共性设置，而另一部分的教学目标、内容、措施等是针对班上学生个性差异设置，并协调两部分的计划，在教学中将学生的共性与学生的个性辩证统一起来，从而最大限度地满足学生的不同学习需要。

二、并列式教学计划的制订

制订并列式教学计划一般分三步进行。第一步是针对全班学生的共性，按照课程标准和学科内容的要求结合教师的教学经验，对教学目标、内容、措施进行整体设计。第二步是针对少数学生的情况和不同的学习需要，对共性的教学目标、内容、教学措施等进行适当调整，有的要拓宽加深，有的要降低教学要求，有的要改变教学方法等，以使教学对每个学生都构成挑战，并适合不同学生的需要。第三步是协调教学计划中左右两部分的内容，通过教学设计，使共性与个性和谐统一，尤其是利用学生的差异资源，通过学生互动，促使每个学生都学得更好。

在具体操作中，各学校的并列式教学计划形式不完全一样，有纵向并列，也有横向并列。纵向并列是形式上将教学计划分为左右两部分，而横向并列实际上是将针对个性设计的计划横向穿插在针对班级学生共性设计的教学计划中，又可称为插入式教学计划。也有的学校将并列式教学计划与插入式教学计划混合运用。有的学校为了强化学生的自主学习，在教学计划中将学生的学习活动和教师活动分开叙述，甚至要求写学案、导学案。这些都可以从实际出发灵活安排，但要注意的是，课堂上师生活动是一个有机整体，学生自主学习的水平往往和教师有效指导密不可分。

在实践中发现有的教师对学生了解不够深入，教学设计过于简单；有的教师调整教学目标只是做数量加减，而没有细致地考虑目标程度的变化，以及不同学生实现目标所需要的时间和手段的不同；有的教学措施过于笼统，没有针对性，不同学习活动缺少有机结合和整体的优化等。这些都是需要改进的。

差异教学案例

Fire 并列式课时计划

案例描述

执教者	曹硕	题目	Fire	年级	五年级
教学目标	\multicolumn{5}{l	}{1. 通过看、听、说、读的英语活动，获取与梳理火灾的危害，学习在树林和在家里的消防安全知识。（学习理解） 2. 借助板书、图片，复述或表演语篇内容。（应用实践） 3. 借助视频、图片，描述其他消防安全知识，并判断行为正确。（应用实践） 4. 结合生活实践，排查消防隐患，为独居老人提供消防安全贴士。（迁移创新）}
重点难点	\multicolumn{5}{l	}{**教学重点：** 通过看、听、说、读的英语活动，获取与梳理火灾的危害，学习在树林和在家里的消防安全知识。 **教学难点：** 借助板书、图片，复述或表演语篇内容。}
学情分析	\multicolumn{5}{l	}{1. 学生认知特点： 本单元的授课对象为五年级上学期的学生。根据皮亚杰的认知发展阶段理论，该年龄段的学生处于形式运算阶段。这一阶段学生的特点是思维具有可逆性、补偿性和灵活性，能够理解符号的意义，学生的思维开始从形象思维向抽象思维过渡，逻辑思维、深度思考增强，感性生活经验依然是认知的重要渠道。由于学生自主学习能力增强，要在教学设计过程中着重培养学生自主探究和小组合作探究的能力。 2. 学生知识储备： 学生在三、四年级学会运用祈使句表达请求和命令，同时能熟练运用一般现在时进行表达，已具备一定的综合语言运用能力，能较好地读懂对话，看懂标志并运用所学语言表达自己的观点和态度。此外，学生能够在图片、音频、视频、教师肢体语言等帮助下，结合对话内容，深入分析思考，发展思维品质，进而实现从知识向能力的转化。}

续表

学情分析	3.学生生活经验： 该话题比较贴近学生生活。学生在学习和生活中已经积累了一些关于消防安全的常识，对"火"这个话题也比较感兴趣，能够在图片、视频的辅助下，通过听、说、读、看、写等学习活动理解对话内容，在教师创设的情境中积极思考并运用所学的语言进行表达。		
教学过程			
教师活动	学生活动	关注差异（运用差异教学策略）	
一、预学查异，激活思维 1.学生基于关键信息提示，完成猜谜游戏，导入本节课主题Fire。 （感知与注意）	学生积极参与猜谜，能够猜出答案。教师及时提示，调动学生学习兴趣。	旨在通过游戏激发学生思维，导入本课主题的同时，初步调查学生的差异，同时激发学习兴趣。	
二、领学扬异，活化思维 2.情境创设：火虽有用，但很危险，因此请消防员叔叔做讲座。学生边看视频边回答问题"What can fire do?"（获取与梳理）	学生在教师的引领下进入情境，能边看视频边获取信息。	旨在引导学生在情境中获取关于火灾危害的信息，基于学生的差异，通过问题引领学生学习，进而活化学生的思维。	
3.学生回答问题，并深入文本处理细节，学习核心词汇"burn down trees, hurt people, be careful with……"，进而了解火灾的危害，增强安全意识。 （获取与梳理）	学生读词汇、理解词汇、拓展词汇。教师观察，发现问题并及时提供帮助。	旨在通过问题引领学生学习核心词汇，结合学生的差异进行适当的拓展，为学有余力的学生提供"跳一跳，摘桃子"的提升空间。	
4.学生概括整合前面所获取的信息，整体描述火的危害。 Fire can _____. It can _____ too. We must _____. （概括与整合）	学生运用核心词汇描述火的危害。教师对发现的问题及时纠正。	旨在概括整合所获取的信息，运用核心词汇和拓展内容，介绍火的危害，为学生提供表达的平台。	

续表

教学过程		
教师活动	学生活动	关注差异（运用差异教学策略）
三、精学导异，深化思维 5. 小组自读课文并回答问题，学习消防安全知识。 （1）What mustn't we do in the forest? （2）What mustn't we do at home?	学生在读课文时标记相关问题的答案。教师观察标记准确性并对发现的问题及时进行纠正。	旨在运用小组中动态分层与互补合作的策略，通过问题引领，引导学生精读课文的第二部分，深入思考文本内涵，并总结出树林里和家里的消防安全知识。
6. 学生在看、听、说的活动中学习核心句子"We mustn't smoke in the forest. We mustn't play near fire / play with matches at home"。（获取与梳理）	学生理解核心句型的含义，并运用核心句型描述消防安全知识。教师对发现的问题及时进行纠正。	旨在运用大面积及时反馈与调节教学的策略，帮助学生更好地理解核心句型的含义，进而熟练描述与表达消防安全知识。
7. 基于学生的知识储备，拓展"We mustn't ..."的其他两种表达方式"Don't ..."和"No ..."，并创设情境，让学生在情境中运用所学的语言表达。（获取与梳理）	学生使用三个句式来描述消防安全标志。教师观察正确与否并针对学生描述中出现的问题及时给予纠正。	旨在结合旧知帮助学生运用不同的表达方式描述安全知识，并结合真实情境运用所学的知识。
8. 通过概括所学的内容，提炼本节课的主题 Fire safety，并向学生渗透 Safety first 价值取向。（概括与整合）（迁移与创新）	学生概括本节课的主题 Fire safety。教师观察并结合发现的问题给予纠正。	旨在通过回顾所学的内容，引导学生概括出本节课的主题，渗透主题意义。
9. 学生模仿发音跟读课文，将文本的两个部分整体呈现，再次对文本进行梳理。（获取与梳理）	学生模仿发音朗读文本。教师观察并结合发现的问题给予纠正。	旨在整体呈现文本，回读课文，促进学生学习理解。
四、拓学展异，拓展思维 10. 学生观看视频并选择正确的选	学生在观看视频之	旨在运用多样化的教学方法和

续表

教学过程		
教师活动	学生活动	关注差异（运用差异教学策略）
项。借助消防员介绍消防安全知识的视频，向学生拓展更多消防安全知识的内容。（分析与判断）	后，选出消防安全知识。教师观察并结合发现的问题给予指导和帮助。	手段的教学策略，拓展和优化学生的学习，强化学生对文本内容与主题的理解和运用。
11. 结合生活中的情境，判断图片中的行为是否符合消防安全的要求。（分析与判断）	学生做出判断。教师观察正确与否并给予指导。	旨在拓展更多消防知识，并让学生初步辨别生活中的行为是否符合消防安全。
五、研学赏异，创新思维 针对独居老人的消防安全隐患，进行调查，学生先阅读，再结合自己爷爷奶奶家的真实情况进行选择，并根据自己的选择进行交流——I think their home is safe / dangerous because……（批判与评价）	学生根据标志的提示读调查表中的信息。在学生交流过程中，教师及时给予帮助。	旨在运用预设与生成挑战性学习目标的教学策略，为学生提供挑战性的学习任务，引导学生分析与判断消防安全的内容，并结合真实的生活情境进行运用。
针对存在的隐患，为爷爷奶奶制作一个消防安全小贴士。（想象与创造）	学生表达自己的想法。教师观察并及时给予指导和帮助。	旨在结合生活中的真实情境，运用语言，解决实际问题，培养学生的创新思维。
六、弹性作业，多元评价 基础性作业： Read the text again. Retell the text to your parents and friends. 实践性作业： Finish the tips of Fire Safety for your grandparents.	能力基础的学生完成第一项即可，能力较强的学生可以完成前两项，而学有余力的学生可在完成前两项的基础上完成第三项实践性作业。	旨在运用弹性作业与多元评价的策略，分层次为学生设计适合学生差异的作业，并进行多元评价。基础性作业以课后复习为主，而实践性作业则是结合生活中的真实情境，运用语言，解决实际问题。

（曹硕　沈阳市浑南区第一小学　五年级英语）

案例分析

该例在教学计划中较好地运用了沈阳市浑南区第一小学提炼概括的该校六环节差异教学课堂模式，并力求体现新课改的要求，促进学生素养的提高。教学计划采用了并列式，将教师的教、学生的学、关注差异的活动并列，便于它们之间的关联与协调。如果能将"关注差异"一列，根据学生不同的学习需要，如一般需要、超常生深造需要、困难学生支持帮助的需要再分成几列，则更好。另外，在教学目标中还应进一步明确英语学习的层递要求，并对相关前备知识差异进行测查。

《氧化－还原反应》课时计划

案例描述

学情分析	经过初三的化学中考课程学习后，学生普遍掌握基本的化学反应类型判断方法和化合价计算方法。结合期中学情检测、作业情况与课堂实况，发现班级学生整体上倾向于具象有序型学习，可进一步将其分为两类： ▶第一类学生，分析型风格显著，约占56.4%，拥有较强的理科思维，乐于创造模型，同时兼有想象型风格学习者的特征，追求学习材料的意义创新，想象力丰富，渴望迎接难度更高的挑战。 ▶第二类学生，常识型风格显著，约占43.6%，拥有较强的机械记忆能力，善于追求事实，追求学习的有用性，结合自身学习情况，往往热衷于稳扎稳打的学习策略。 鉴于以上学情，为了更好地开展化学教学，引进差异教学策略，制定基础共同目标与进阶个性目标，以期适合不同学生的需要，使每个学生都能更好地学习。
教学目标	基础共同目标： 1. 理解氧化还原的特点和本质，知道如何通过常见元素的氧化数求出变价元素的氧化数，知道如何区分氧化剂和还原剂、氧化反应和还原反应，了解常见的氧化剂与还原剂。 2. 通过对氧化还原反应的分析，学会分析解决问题过程中整体研究和局部研究的关联与互促。 3. 了解氧化还原的重要意义，建立勤于观察和思考的意识。

续表

教学目标	进阶个性目标： 1. 对于复杂的氧化还原反应，知道如何使用双线桥法标记电子转移，进行分析与配平，深入了解氧化还原的本质。 2. 通过对复杂氧化还原反应的分析，掌握迁移简单模型来解决复杂问题的思维方式。 3. 进一步了解氧化还原的重要意义，树立全面观察与深度思考的意识。
教学重难点	基础共同目标：知道如何区分氧化剂和还原剂、氧化反应和还原反应。 进阶个性目标：知道如何使用双线桥法进行复杂反应配平。
教学方法	实验法、讲授法、小组讨论法等。

教学内容与过程	差异化策略使用
【准备】结合期中学情检测、作业情况与课堂实况，将全体学生分为6组，每组4~5人，即"一次分组"。 【演示实验】双氧水和高锰酸钾蒸气喷发。 药品：30%双氧水、高锰酸钾固体。 仪器：锥形瓶、药匙。 实验现象：蒸气喷发。 教师：双氧水与高锰酸钾剧烈反应，生成大量蒸气。 （展示反应方程式：$KMnO_4 + H_2O_2 \rightarrow MnO_2 + KOH + O_2 + H_2O$） 如何为这个化学反应归类？你知道哪些反应类型？ 【回顾】 回顾初中学段的化学反应类型。 （一）化学反应类型 1. 四大基本类型。	

内容	反应类型	举例
A + B → AB	化合	
AB → A + B	分解	
AB + C → A + CB	置换	
AB + CD → AC + BD	复分解	

◇弹性作业
学生课后完成，全体学生每个类型至少写出一个方程式。

2. 中和反应：酸性物质与碱性物质的反应。

续表

教学内容与过程	差异化策略使用
【基础共同目标】 教师：这个反应方程式：$KMnO_4 + H_2O_2 \rightarrow MnO_2 + KOH + O_2 + H_2O$，是否属于以上反应类型之一？ 学生：不属于。 教师：有许许多多这样的反应值得研究，我们有必要扩充化学反应的分类。你能观察到它有哪些显著特征？ （二）氧化还原反应 1. 定义：有元素化合价/氧化数发生变化的反应。 2. 本质：发生了电子转移。 注：涉及<u>单质</u>的反应，绝大多数都是氧化还原反应。 　　<u>置换</u>一定是氧化还原反应；复分解<u>一定不</u>是氧化还原反应。 ◇重点讲解如何区分氧化剂和还原剂、氧化反应和还原反应。 引出中文口诀： ➢ <u>失升氧反还剂；得降还反氧剂。</u> ➢ 氧化剂——电子掠夺者；还原剂——电子提供者。 分析时，必须写箭头左侧完整的氧化剂、还原剂的化学式。 教师：通过对两个常见反应的分析，我们知道了如何借助口诀，分析所有氧化还原反应。 观察方程式：$KMnO_4+H_2O_2\rightarrow MnO_2+KOH+O_2+H_2O$，看是否配平了？ 学生：没有配平。 教师：所有同学一起进行氧化还原分析并配平，全部完成的同学请举手。 教师给举手的学生发放黄色贴纸，等12名学生举手后，统一开始讲解。	小组讨论发现规律。 达成基础共同目标，符合课标要求。 全体学生掌握第一条口诀；高目标学生掌握两条口诀。 恰到好处地帮助学生快速形成问题解决能力。 全面、动态测查学生差异。 ◇同质组与异质合作组相结合 此问题可体现出学生对课堂新知识的掌握程度，并可作为二次分组的主要依据。 给前12位完成配平的学生分发黄色贴纸，以进行标记。

续表

	教学内容与过程	差异化策略使用
【进阶个性目标】 $$\begin{array}{c}\text{失去}1\times e^- \boxed{\times 2}\\ 2Na + Cl_2 \longrightarrow 2NaCl \\ \text{得到}2\times e^-\end{array}$$	双线桥法（见左图）：标价态→两箭头→注得失。 注意事项： ①箭头连接同种元素的原子或离子； ②必须注明"得到"或"失去"； ③得、失电子总数守恒。	◇预设与生成挑战性学习目标 此处使用最简单的例子之一进行讲解，兼顾蓝色组学生的学习需要，使之不要游离于高难度内容之外。
【二次分组】	教师：现在，请大家重新分组，要求每个小组必须含有两名黄色贴纸的同学。 分组完成后，教师分发课堂练习卷，有黄色贴纸同学拿取黄色卷，无贴纸同学拿取蓝色卷。	蓝色卷1~6题根据完成基础共同目标而设计，难度相对适中。 黄色卷1~6题根据完成进阶个性目标而设计，难度相对较高。
【练习】	所有学生各自完成黄色卷、蓝色卷的1~6题。解题过程中鼓励同学生互教互学。小组讨论完成第7题，解题过程中鼓励异色同学互教互学。	第7题为综合性题目，结合课标，适宜讨论完成。
【小结】	学生自主总结。	
【作业】	1. 检查学案是否填充正确、完整，与课代表对照。 2. 完成练习单。	

（吕义　新东方扬州外国语学校　高一化学）

案例分析

该例中，教师积极运用差异教学策略，如动态测查学生差异，同质、异质组合作，弹性作业等，取得大面积提高质量的教学效果。此教学计划形式灵活，兼顾了并列式与插入式的一些特点。初中学过的四大化学反应类型也可安排在课前练习，并及时反馈效果。对掌握不好的学生及时指导，为学习新知做好准备；对个别拔尖学生还可进一步提高思维的要求，并发挥他们在课上的骨干带头作用。

第三节　个别教学计划与导学案

个别教学计划是为了满足少数学生的特殊需要而制订的，它只是反映了在班级教学计划之外的特别需要考虑的教学目标、针对性教学措施等。因此，除了个别教学计划，教师还应制订班级学期教学计划、单元教学计划和课时教学计划。

一、个别教学计划的类型

个别教学计划的制订与实施，可根据不同的教学目标和达成教学目标所采用的教材教法分为 3 种主要类型。

1. 个别治疗计划。这种计划适用于个别治疗教学，教学前应先诊断个别学生的能力与特殊需要，再根据诊断情况，制订明确具体的行为目标和采取针对性教育教学措施。

2. 个人计划。个人计划可称为合同计划。学生自己决定学习活动后，就与教师合作制订个人计划或合同，在计划中明确阐明要做什么。师生共同商量学习或工作要达到的标准，说明学生满足上述条件后将得到什么奖励。这种计划的优点在于学生能按照自己认为最适宜的活动和速度进行学习，从而达到目标。

3. 独立学习计划。这是指学生自己制订学习计划，自由选择学习活动和研究方法，有明确的行为目标，着重给自己提供学习经验。这种计划较适合智力好、学习基础好或具有深造能力的学生。

以上3种不同的计划，反映了学生在计划中不同程度的独立自主成分，前面的计划更强调行为目标，后面的计划更强调给学生提供学习经验。这些计划可以综合运用，如有关知识技能的学科，多强调行为目标，而有关探究、创造或审美的学科，则多给学生提供高品质的活动经验。

二、个别教学计划的制订

不同的个别教学计划在内容上不完全相同，但一般应包括学生的基本情况、教学的目标或目的、针对性的课程或教学措施等。个别教学计划是针对学生的个别需要而制订的，因此制订的基础是对学生的全面深入的了解。个别教学计划可以分学科制订，也可综合各科制订。单科制订易深入具体；综合各科制订便于各科协调实现共同的目的或目标。具体操作时可在长期目标部分将各学科的目标并在一起，而在制订短期目标时采用分科，这样可集合两种做法的优点。个别教学计划可以是针对学生单项发展制订，如针对某缺陷的矫正计划或补偿计划等，也可以是为学生全面发展制订。

个别教学计划一般每年至少制订一次。个别教学计划不能由班主任或任课教师一人制订，通常先由固定人员和非固定人员组成教育评估小组。固定人员一般包括学校校长（教导主任）、班主任、特殊教育教师、心理和教育测验人员等；非固定人员一般由其他任课教师、相关的服务设施人员以及学生的父母组成。评估小组的任务是为学生拟定个别教学计划，审核个别教学计划，对学生进行恰当安置，指导教育教学活动，并在计划实施过程中协调各方面工作，给予必要的咨询和指导，同时负责对教学计划执行情况进行评估。为了有效实施差异教学，加强教师之间、教师和相关人员之间的协作是非常重要的。当然，由于一些体制、机制原因，我们现在很难做到在课堂上进行教师间的协作教学，但在课外特别是在交流信息、研讨问题、制订计划等方面必须进行密切合作。

三、导学案及改进

近些年来，我国的中学教师在设计教学时，往往会编制导学案，代替课时教学计划。

1. 导学案的意义。

导学案的编制强调学生的学，突出备课中学程的设计与预测，这对提高学生的学习能力很有意义。导学案编制中也重视学生认知前提的准备和铺垫，有利于提高课堂学习的效率。在学生学习的基础上，教师再有针对性地教，先学后教减少了无效的教学。

2. 当前导学案存在的问题及改进。

如上所述，导学案的编制与使用有利于提高教学质量。但是有的教师在编制导学案前没有深入了解学生，只是凭自己的经验去估计学生学习水平，想当然地设计学程。更有甚者，导学案不是在备课基础上对教材加工产生，而只是教材的翻版。这就失去了导学案的意义，增加了师生的负担。有的导学案中虽有学程设计，但无教师引导，不能有效指导学生学会学习，更缺少针对学生差异的区别指导。

使用导学案时，学生的认知前测结果，应在课前反馈给教师，以便教师了解学生认知前提准备水平，并在课前对基础不好的学生给予帮助、铺垫，从而大面积地提高课堂教学质量。但是有的教师忽视了这方面的及时反馈。有的学习自觉的学生，往往在课前就已完成导学案中本课的所有学习任务。上课时教师并没有对他们区别对待，使这些学生又从头至尾再听讲一遍，学习失去了挑战性，不利于他们的发展。

如果在设计前，就深入了解学生，并在设计中进一步关注学生的差异，针对不同需要的学生进行有区别的教学设计，导学案就等同于差异教学课时计划。这种计划又有个体学案的特点，可以看作集体教学与个别学习相结合的课时计划。

差异教学案例

一个超常学生的个别教学计划

案例描述

学生信息	
身体状况 （定性描述，附医院证明）	该生身体健康，长得小巧玲珑。她爱好并且擅长技巧性运动，如溜冰、滑板、骑单车。她的母亲介绍，她用20多分钟时间在电梯楼道口就学会了滑板。她精力旺盛，没有小伙伴玩耍时，也常常一个人在家里跑来跑去。
智力情况 （定性描述，附相关观测资料）	该生从小就表现出超常的记忆能力。她在2岁时被家人发现对街上出现的字很敏感，很多字过目不忘、过耳不忘。现在依然可以看出这个特点。五年级课文《最后一分钟》，她学完后读二三遍就能背诵。这也表现在她的习作中，她往往能模仿借用自己读过的文章。现在她学英语很轻松，读记都很快。另外，她的逻辑推理能力比较强，在做数学题中可以看出。
个性特征 （定性描述，附相关观测资料）	专注。与一般同龄孩子表现出的年龄特征不一样，她做事热情、认真，特别专注。在家里看书时，不管外面有多大的声响，即使打闹她也不受影响。课堂上也能看出她这个特点，她能用脑、用手记下老师讲的内容。 好学。她特别爱读书，各类轻松有趣的书籍都读，甚至街头的宣传小册，都要读一读。另外，她特别喜欢朗读、讲故事。她在家里自己琢磨朗读技巧，一遍一遍地把学到的课文读给家人听，还说自己这样处理的理由（但这一点在学校从来不表现）。她爱解数学题。她对妈妈说解出一道数学题的快乐超过玩电子游戏通过十关的快乐（她很少看电视，基本不玩电脑）。 她能从读书、朗读、解题中得到极大快乐和满足。 她交往能力不强，在陌生环境不说话。一年级时她没有与老师说一句话，现在在课堂上也很少发言。虽然她特别喜欢朗诵，但她在学校从不举手朗读，因为她特别怕引人注意。我校每个周五是便服日，但她绝不穿与别人不一样的、特别新颖的衣服，妈妈买的名牌鞋子就是不穿，宁愿穿35元一双的普通凉鞋。

续表

	学生信息	
学习状况 （定性描述，附相关观测资料）	在她2岁时，家长发现她具有超常记忆力及好学专注的、与众不同的特质，于是开始有意识地教她识字。在她4岁半时，父亲和母亲都在家专门教育辅导她学习生活。她在幼儿园时可以读书给大家听。上小学后，她觉得学习没有意思。她对家人说，老师有问题，"4 + 3 = 7, 3 + 4 = 7"反复说好几遍。于是父亲买了二年级书给她看，买了试卷让她做。就这样，她一年级读完跳到三年级，三年级读完跳到五年级。 她父母在她身上花了超出常人的精力。凡是她学过的课程，读过的书，看过的电视节目，父母都提前看过、学过、精心挑选过。她妈妈曾说，一定要在孩子成长期该施肥时施肥，该浇水时浇水。 跳完两级后，目前她的学习虽说各方面不算拔尖，但都在中上等。在数学和英语学习方面她相对学得比较轻松，语文方面花的时间长一些。	
特长与优势 （定性描述，附相关观测资料）	记忆、推理、专注、好学。	
问题与不足 （定性描述，附相关观测资料）	她对环境适应能力不强，处理问题的独立性、应变性不强。跳了两级后，目前相对来说她对语言的理解感悟不是很好。有一次，她问妈妈通知单上"贵家长"中的"贵"是什么意思。	

	目标与教育方法、措施	
目标	学期目标	1. 能在大量阅读中学会思考，有自己独特的思想。 2. 生活中有主见，遇到问题能积极面对，善于处理。 3. 能一直保持旺盛的好奇心、好学精神，从学习中体验快乐。
	近期目标	1. 利用超常记忆力，尽量多读书，积累丰富语言。 2. 提高口头表达的能力，在班级各种活动中能有表现。 3. 能与周围同学一起合作解决学校生活中出现的问题。 4. 鼓励她保持目前积极好学的优点。
方法与措施		1. 大胆起用。她一来到这个班级，我就安排她担任语文组长。我准备让她把班上每种岗位工作都轮流做一遍，多与同学、老师打交道，这能让心情更开朗乐观。

续表

目标与教育方法、措施
方法与措施	2. 充分深入阅读，促进心智发展。针对她目前记忆力强、理解相对偏弱的特点，我与其家长沟通，准备订个深入阅读计划。从现在开始，鼓励她在童话、外国经典阅读基础上拓展，如读点历史、地理，读点古代文学和外国文学，并指导她学会分析文章，敢于发表自己的独到见解。 3. 针对她书面表达强于口头表达的情况，多创造机会发展她的口头表达能力。 4. 生活中体验学习。这对于促进她身心、智力、能力各方面发展有好处。

（徐梅　深圳市天健小学）

案例分析

该例中的学生是一个智力超常学生，早期的家庭教育对她的发展起了很大的作用。现在班集体的教学已不能满足她的学习需要。教师为她制订个别教学计划是恰当的。教师在计划中采取的措施是有针对性的。由于该生已跳级两次，教育教学中应注意三个问题：一是帮助她进行伙伴的社会调整，促进社会适应能力的提高；二是弥补因跳级带来的知识技能的缺漏；三是重视培养其创新意识和精神。

《拓展阅读：品评王熙凤》导学案

案例描述

学案	导案
学习目标 1. 深入研读形成对人物的全面认识。（B、C） 2. 学习名家评论，掌握评论技巧，形成自己独到的评价。（B、C、E） 3. 通过辩论，学会辩证看待问题。（D、E、F） 4. 评价王熙凤的为人与价值观。（E、F）	A、B、C、D、E、F分别是语文能力各层级，依次为识记、理解、分析综合、鉴赏评价、表达应用、探究六个层级。

续表

学案	导案
自主学习	**方法指导**
一、研读《红楼梦》中有关王熙凤的主要章回，总体概括王熙凤一生（课前完成） _____ _____ _____	1. 把书读厚：全面阅读深入了解； 2. 把书读薄：融会贯通，经典概括，这是一个由感性到理性的过程。
二、从《林黛玉进贾府》到《红楼梦》，通过阅读的深入，你对凤姐的感情（评价）有变化吗？是如何变化的？请简要分析（课前完成） _____ _____ _____	一千个读者就有一千个哈姆雷特。对书中人物有深厚的情感，是深入阅读的表现。个性化阅读，尊重不同的理解。
三、我知凤姐：知识竞答（以小组为单位） 必答： 抢答：	竞答题由各小组自行设计，形成题库，必答顺序由小组代表抽签决定。
合作探究	
一、我看别人评凤姐 对王熙凤各人评价不一。 贾母戏称她为"凤辣子"；秦可卿说她是"脂粉队里的英雄"；李纨说"真真是个水晶心肝玻璃人"；贾琏背地里说她是"夜叉星"；兴儿说她"心里歹毒，口里爽快；上头一脸笑，脚下使绊子；明是一盆火，暗是一把刀"。 脂砚斋评《石头记》时提道"凤姐之英气，之心机，之骄大"。 有人说凤姐是："一个笑得很甜蜜的奸诈的女性"；有人认为她"香辣、麻辣、泼辣、酸辣、毒辣"五辣俱全；有人评价她"机心、辣手、刚口"；有人认为，一般的读者都会有"恨凤姐、骂凤姐，不见凤姐想凤姐"的感受；还有人评她是"治世之能臣，乱世之奸雄""女曹操""胭脂虎"。 思考：这些评论为什么经典？精练概括原因，并举例说明。 _____ _____	**思路提示** 这些评论之所以成为经典，主要是思想内容符合人物特点、语言形式上运用了修辞手法等。是否还有其他方面原因？

续表

学案	导案
二、我评凤姐 读经典，别人评，我也评。试用简洁的语言评价，再简单阐释。 _____ _____ _____	**方法提示** 先清楚人物主要特征，再运用一定的手法（技巧）表现出来。 语言的锤炼是个过程。
拓展运用 一、我辩凤姐 辩题：王熙凤适合当班长吗？ 正方：王熙凤适合当班长。 反方：王熙凤不适合当班长。 要求：以《林黛玉进贾府》或《红楼梦》为依托，结合生活实际，将理论论据与事实论据相结合进行辩论，思路清晰，论证充分，语言简洁有力。 二、作业（选其一） 1. 深入研读《红楼梦》，写人物评论《评王熙凤》。 2. 深入研读《红楼梦》，写随笔《黛玉，请听我说》或《宝玉，我想对你说》等。 三、归纳反思	**思路提示** 先分析辩题，分析关键点，如"王熙凤""班长"，再梳理符合自己观点的王熙凤的关键性格或能力。估计对方可能设论的点，准备驳斥点。可写一个辩论提纲。

（李晓娟　重庆市广益中学　高一语文）

案例分析

本例针对高中学生的特点，在差异教学理论指导下，引导学生读完整的名著，强调学生自学为主，按课标要求编制学案，并将学案与教师设计的导案并列，方便教师适时指导、引领。在学习目标中，参照布鲁姆的教育目标分类，有不同层次的要求，为学生自学定标，对不同水平的学生都能构成挑战。教师尊重学生的差异和他们对内容的多元理解，并适时地、有针对性地指导学习方法，让每个学生都学会学习。

第四节 教学计划的实施和评估

在教学计划实施的过程中，需要对其不断进行调整和评估，以更好地适应实际情况。

一、并列式教学计划和个别教学计划的联合运用

为学生制订个别教学计划有利于教师因材施教，但对教师提出了更高的要求，也增加了教师的负担。尽管个别教学计划并不拘泥于一对一的教学，但将每个学生的个别教学计划和实际的班集体教学对接还是比较困难的。

中国教育科学研究院赵小红研究员认为，在以班级为单位的、班集体教学的现状下实施个别教学，为每个学生制订个别教育计划与备课之间缺少了一个环节。不少特教类的书籍中都提到了个别教育计划的制订与实施，并认为为每个有特殊需要的孩子制订个别教育计划之后，就能直接过渡到备课、上课这一环节。在班集体教学的现状下，事实并非如此。目前，即使在培智学校，班级人数一般也不少于10人。如果教师为10个学生分别制订个别教学计划，但是它们之间的差异比较大，就不可避免地采用集体教学或小组教学。因此，在实践中，学校一般还要求教师将学生分组、分层，先制订小组教学计划（小组学期计划、单元计划或月计划）；再在小组教学计划中，体现并落实个别教育计划的相关内容；在此基础上，才分组、分层进行备课、上课。

在普通学校普通班的班集体教学中，我们还是主张主要制订并列式教学计划，在计划中将共性与个性的需要辩证地统一起来。对于那些在某些方面和其他同学差异比较大，仅靠班集体教学已难以满足他们的需要的学生，还需要进行专门的辅导训练，这时就需要再制订个别教学计划。个别教学计划是反映在班集体的并列式教学计划中不能反映的、对个别学生的教育却又需要的内容。

个别教学计划在目标要求、教学内容、方法和时间安排等方面要注意和班级并列式教学计划衔接一致。

二、教学计划的评估

在教学计划实施过程中，要不断对其进行评估和修订。通常在学生的实际学习成效与预期达成目标的时间不一致，或出现影响教育效果的因素时，说明教学计划已不适应学生的情况，需要对其进行评估和修订。对于并列式课时教学计划，教师要根据课堂的实际情况随时加以评估调节。课时教学计划即使制订得再好，在实际课堂上也不能一成不变。而对于个别教学计划，往往需要召开评估会进行评估。每年一次的评估会或经常性的评估会，一般都包括下面内容。

（1）将该生实际表现水平与个别教学计划中的每一预期目标作比较。

（2）评估为该生提供的特殊教育或相关服务（如语言治疗、物理治疗、职业训练等），如将原先提供的服务期限和实际花费的时间进行比较。

（3）确定个别教学计划修正的内容。如果学生提前实现了个别教学计划中的目标，在评估会上就要讨论该生是否仍需要特殊服务，服务内容是否要改变，是否原先低估了该生在某项学习活动中的能力等。评估小组成员通过讨论共同回答上述问题，必要时可让学生自己也参加讨论。

学生未能实现教学计划中的学习目标，可能有下面原因。

（1）教学目标不适合或不实际。

（2）教学计划、方法措施失当。

（3）教学资源缺乏。

（4）时间分配不切实际。

要针对该生的情况，进行具体分析，并找出其中主要的原因。

差异教学案例

读报与剪报（语文综合性学习）单元计划的评价与调整

案例描述

一、第一轮课堂教学环节（1课时）

（一）认识报纸

学生认识报纸的组成部分（报头、题字、栏目、中缝等）。

（二）展览报纸

学生分组用自己喜欢的方式交流自己最喜欢的报纸和栏目，并说明原因。

（三）学摘新闻

学生认真阅读手中的报纸，把认为有必要介绍给大家的重要新闻找出来。学生在模拟的新闻联播中交流自己挑选的新闻。

（四）学做剪报

将报纸上有用的资料分门别类或按照自己的兴趣、需要剪贴成册，就能化废为宝，积累许多宝贵的资料。教师出示剪报的范例，给学生直观的感受体验。

（五）布置作业

1. 以小组为单位，调查市场上发行的报纸的种类、阅读的人群、优秀的栏目。用小组最拿手的方式将调查结果展示出来（小论文、统计数据表、小报等）。

2. 根据爱好，给自己制订一份制作剪报的计划（个人计划），并和伙伴交流，寻找目标相近的同学，组成合作小组。

3. 按照自己的计划，认真阅读每天的报纸，认真制作自己的剪报。

二、第一轮课外实践环节

（一）市场调查（活动期限：1周）

活动过程：以学生自主活动为主，教师负责督促活动进度。

活动评价：

（1）将学生调查作业进行集中展示，由教师、学生和家长评出优胜作业。

（2）各组成员根据调查过程中的表现，推荐一名活动积极分子。

（二）剪报计划（活动期限：3天）

活动过程：第1天学生独立制订自己的计划；第2天学生之间交流计划，确定合作伙伴；第3天合作伙伴共同修正自己的计划。

活动评价：教师依据学生在活动过程中的参与积极性进行点评。

（三）制作剪报（活动期限：4个月，9~12月）

活动过程：

（1）学生独立完成自己的剪报制作。

（2）在制作过程中能经常和伙伴交流剪报信息，分享剪报成果。

（3）用自己最喜欢的方式装扮自己的剪报作品。

活动评价：

（1）教师在过程中对学生的作业状况进行形成性点评。

（2）学生将剪报作品进行集中展示，由教师、学生和家长评出优胜剪报。

三、第二轮课堂教学环节（1课时）

（一）点评作品

由获得优秀剪报的学生交流自己的剪报制作过程。

（二）心得交流

请学生说说在剪报制作过程中，都有哪些收获？都发生了哪些令人难忘的故事？都收集到了哪些有趣的内容？

（三）成果分享

每位学生选择自己最喜欢的方式，展示自己的剪报中最有价值的一则内容。（可以是朗诵、绘画、表演或小测试）

（四）布置作业

1. 把制作剪报的习惯坚持下去。

2. 根据同学的经验，调整自己的剪报制作方法。

3. 去邮局订阅一份自己最喜欢的报纸。

四、第二轮课外实践环节

（一）制作剪报（活动期限：无固定时间，长期）

活动形式：学生独立利用课余时间完成。

活动评价：主要以成果交流和剪报交换的方式进行。教师作阶段抽查和点评。

（二）订阅报刊（活动期限：根据邮局报刊征订时间安排）

活动形式：独立操作订阅报纸的全过程。（但要注意安全，事前应征求家长同意，最好由家长陪同去邮局，确保交通安全）

活动评价：以自我评价为主要方式。

五、实况描述

这次学习对学生而言，没有常规语文学习的要求，实践环境轻松和自由。但是，挑战也是空前的。

在活动起步阶段，学生热情高涨，如剪报计划详尽，剪报工具齐全，大家都全身心地投入剪报活动中。一时间，班级中学生阅读报纸成风。但是，随着时间的推移，有的学生慢慢懈怠了。渐渐地，"我要读报"变成了"要我读报"。针对这样的状况，教师及时利用过程性评价手段，对坚持不懈的学生予以宣传和表扬，组织学生进行阶段成果的展示，帮助学生调整心理状态。很多学生重新回到了轨道上。但是，也有几个学生，受限于自身基础，活动情况不是很理想。此时，教师适当降低了对他们的期望目标，并让他们自己挑选同伴，开展一帮一互助剪报。至活动结束，每一位学生都拥有了一份自己的成果。有的剪报如同一本精美的杂志；有的剪报如同一册古朴的典籍；有的剪报如同一叠丰富的活页……。学生展示的不仅是一份剪报作品，还展示了自己的学习意志力的养成过程。在剪报的过程中，付出的心血就是最好的收获。

最令学生体验深刻的是"订阅报纸"。学生以前从来没有这样的生活经验，而这次，可以当一回大人，做一回主，其参与热情很高。这一份报纸是自己亲自订阅的，又是自己自主挑选的，阅读起来也更加有热情。有了这样的情感铺垫，学生继续坚持每天读报也就有了基础，我们的语文实践活动也能不断地延续下去。

"读报和剪报"是学和做系列之三，属于语文综合实践学习。其内容是引导学生养成读报的好习惯，通过勤读报纸了解国内外大事，拓宽自己的视野和学习方式，丰富自己的生活和思想。

（屠以莎　江苏省新苏师范附属小学　六年级语文）

案例分析

只有将语文内容置于生活的大环境中，才能充分展现学生间的差异，也才能给这些孩子一个充分施展的舞台。通过"读报和剪报"活动，让学生"动"起来，"动"出兴趣来，"动"出成果来。活动需要制订计划，但个人计划要因人而异，灵活调整。

第三章

认知前提准备与学习动机激发

　　学生学习水平差距过大会给班集体教学带来一定的困难。如果教师在课前帮助学生提高相应的知识技能和情感准备水平，优化学习起点，夯实自主学习的基础，学生学习差距就会有所缩小，课堂学习效果也会更好。

第一节　认知准备的不同水平及对学习的影响

一、知识内在的逻辑联系

各学科知识都有内在的逻辑结构。学校的学习是建立在一系列带有认知特点的已有学习基础上的。布鲁姆把某项学习任务所需的必要学习称作"认知前提能力"。布鲁姆指出，学校课程中大多数的学习任务都是按一定顺序排列的，在这一系列的学习任务中，每个学习任务都成为下一个学习任务的必要学习。布鲁姆认为，学生在完成各个学习任务的成绩上的差异，主要是由于他们在学习新任务时就已具有的差异造成的，因而学生掌握必要学习的程度对日后的学习有重大影响。莱顿研究表明，如果在学习新课前让实验班学生掌握了与新知识有关的原有知识技能，改善了认知先决条件，其教学效果比接受传统教学的两个班高 +0.7 个标准差。

二、不同的知识能力准备水平影响学习的迁移

我国古代的孔子说过"温故而知新"。现代认知心理学认为，有意义的学习过程是原有知识同化新知识的过程。学生原有的知识状况，特别是基本原理和概念掌握的情况，也就是认知结构的水平，直接影响新知识的学习，影响知识技能的迁移。客观上学生存在不同的认知准备水平。如果我们在教学新知识前，帮助一些后进的学生具备必要的认知前提，特别是帮助他们提高对概念、原理的概括水平，就能促进学习的正迁移，有利于缩小他们和其他学生学习新知识的差距，提高学习新知识的质量。笔者曾经进行的课堂教学实验也说明，课前帮助每个学生达到认知前提准备的要求，是保证大面积课堂教学质量的关键策略之一。

差异教学案例

画线段图的差异

案例描述

一个学生在他的数学日记中写道:"有一天,妈妈让我做了一道题:妈妈的年龄是小芳的4倍,妈妈比小芳大27岁,妈妈和小芳的年龄各是多少岁?这题可把我难住了,百思不得其解。妈妈见我被难住了,对我说:'在奥数课上你刚刚学过画线段图,为什么不画一画线段图试一试呢?'对呀,老师常说画线段可以帮助理解题中的数量关系,降低思考的难度。于是,我根据题目的意思画起线段图来,很快解决了问题。画线段图解题真灵!"

看来线段图确实能帮助学生找到解决问题的办法。那么是不是所有的学生都愿意通过画图来使自己理解题目呢?不上奥数的学生有没有画图的能力呢?为此,我对四年级两个班学生进行了一次借助画图解决问题情况的调查统计,如下表所示。

分类	第一题	第二题	第三题
能够借助画图正确解答		5	
有画图的意识	8	17	5
没有画图的意识	36	22	39

44名学生中,74%的学生缺少解决问题的方法、策略,遇到稍复杂的问题一是苦想、二是放弃,不能借助其他辅助手段如画图等方式进一步思考、理清题目之间的关系,没有画图意识。23%的学生有一定的画图意识,但是没有基本的画图技能。当遇到稍复杂的问题时,他们力求通过画图找到解决的方法、线索,但由于缺乏系统的训练,不清楚数量之间的关系,不会用线段图准确地表示出各个条件之间的关系(不知先画标准量,不知用四条线段表示四个数等),影响顺利解决问题。由此看来,学生在解题策略方面存在一定的差异。怎

样才能缩短学生之间的这种差异呢？怎样才能使每个学生都能不同程度地掌握画图这种解题策略呢？带着这个目的，我上了一节"借助线段图解决问题"的研究课。

课上我先带领学生根据条件一步一步地来画线段图，并适时地教给学生一些画图的策略。例如，三年级男生人数比女生人数多15人，男生人数是女生的2倍多3人，男生、女生各有多少人？当学生遇到这样的问题时无从下手。我先让学生自己动手画一画，发现问题后，马上停下来问学生："为什么从第一个条件入手不好画？"学生答："先画第一个条件，不能很好确定它们之间的倍数关系，后面不好画了？"我接着说："画图时一般从带有'倍'字句的条件入手画，因为它可以帮助我们确定以谁为标准。"当学生不会用线段图表示两个量之间的倍数关系时，我首先让学生分析这两个量之间的倍数关系，然后用打手势的方法展现出线段图的雏形，最后让学生把用手表示的过程画下来。就这样，不同层次的学生在我的带领下逐步地画出了线段图。当图画好后，就有学生马上找到了解题的方法。学生那种豁然开朗的心情溢于言表。

建构主义教学观认为，每个学生的学习是在自己原有的知识结构的基础上主动建构的过程，给学生安排的教学内容必须处在学生的"最近发展区"内，教学的难度既不能低于"最近发展区"的下限，也不能高于"最近发展区"的上限。这就要求教师要充分了解学生，对学生不同的学习需要进行测查，这是实施差异教学的前提。

（张雪莹　北京市西城区上斜街小学　二年级数学）

案例分析

从这个案例中可以看出学生的差异是客观存在的，这个差异不仅是知识技能的差异，还包括学习方式方法的差异等。教师只有重视了解学生的差异，制订适合学生差异的教学计划，才能使学生得到发展。

第二节　认知准备水平的测查与提升

为了保证学生学习新知识的起点水平，要对学生的认知准备水平进行测查，并采取积极提升的措施。

一、测查并掌握与新知识相关的知识技能

教师在课前的教学设计中，首先要分析清楚新知识学习所需要的知识技能准备。这不仅要从知识的内在逻辑体系来确定，还要从学生学习的过程分析来确定。对于学习新知识必要的知识技能，可以通过观察、调查、作业分析、形成性检测等了解学生的不同准备情况，并做相应的补救，让每个学生都掌握。为了不给学生增加负担，可以每个单元测查一次。

二、学生自主学习与实践，收集相关资料

学生学习新知识的准备不只是知识技能，还有经验、态度、能力等方面的准备。要引导学生参与一些与新课学习有关的社会活动和科技活动，观察感知、体验思考、操作实践，丰富他们的经验和阅历。学生不同的经验和阅历对于他们顺利学习新课是非常重要的，也为课堂学习提供了丰富的差异资源。例如，一位小学数学教师教学"比的意义"时，课前问学生"对'比'你想到了什么？""你还想知道什么？"，又出了两道有关比、比值及比和除法、分数关系的题，通过反馈了解到不同学生对比的认识程度，教学中有的放矢，帮助学生认识数学中的比和生活中的比的区别联系。

三、对新课进行预习

有些新授的内容可以让学生先预习书上的知识，并在这过程中发现学生困难的地方，课上再重点突破。教师可以给学生提供一些自学的提纲、思考的问题，并指导自学的方法。长期的预习也可以培养学生自学的意识和能力。但准备让学生采用探究方式学习的内容，就不适宜让学生先看书。否则，学生从书中已了解概念推理的过程和解决问题的过程，就无须探究了。

四、课初的反馈和补救

如果学习新课需要的知识技能并不复杂，根据教师的经验，多数学生也不会有什么困难，也可以在上课伊始，通过提问、板演等方式了解学生的准备，以旧引新。但这时应重点了解学习基础较差的学生。如果发现有的学生没有掌握，可以通过同学的互助或教师提供辅助材料等帮助他们在课上及时解决困难。

差异教学案例

《秋叶（习作）》的认知准备

案例描述

描述秋天的话题，在语文教材中多次出现。三年级就有这样的习作要求。五年级描述秋天的习作不应该停留在原有水平上。《秋叶》这个题目的习作，没有让学生笼统写秋天。这节课的设计，立足于指导学生从各个角度欣赏秋叶，指导学生尽量写出自己最感兴趣的、与众不同的感受。

在教学新知识前，帮助一些后进的学生具备必要的认知前提，有利于缩小他们和其他学生学习新知识的差距，提高学习新知识的质量。对于这样的一节习作课来说，认知前提就是课前熟悉所要表达的内容。这个过程不仅能力差点的学生需要，其他学生也需要。学生带着任务去秋游，用相机记录秋叶，去看秋叶颜色、形状，摸秋叶，闻秋叶，经历了这样的过程，才能用有个性的感受来完成习作。明确的观察要求和指导让平时观察大而化之、提起笔不知从何开始的学生学会有序观察。只有将学习变成学生的内在需要，才能激发学生的学习动机。在设计课件时，教师尽量采用学生的照片作品。能够在课堂上看到自己拍的照片，并且有机会向其他同学介绍，这成为一些学生的课堂兴奋点。

带入课堂的树叶、树叶作品使这节习作课让学生充满期待，它们充当了道具，很直观地帮助学生完成了习作。

本次习作上，我看到了学生精彩纷呈的作品。

在写与秋天的邂逅时，一位学生这样写道："那天，我在上学的路上，感觉有一只手很轻地摸了我的肩膀。是谁？我回头看，地上落了一片叶子。是'秋姑娘'拍我的肩膀，让我注意到秋天来了。"

还有的学生写出了我从未注意过的秋叶的声音："片片黄叶在空中互相碰撞着，交叠着。这时，我的耳边响起了一种声音。由远而近，噢，原来是梧桐树的叶片在低声唱歌。声音似乎很大，充满了所有空间；声音似乎又很小，因为你永远无法听到歌声的内容。又是一阵秋风，此时耳畔的歌声更响了，每一片树叶似乎都是感应的琴键，从叶尖到叶柄，灌满了乐音。它们已从春唱到了秋。"

……

让我比较担心的学生也能够这样写叶子："枫树林一到秋天，枝叶火红火红的，像火焰在燃烧，它的叶子像一只只小手，在跟我们说欢迎呢！""银杏树叶辐射状散开的叶脉，像'秋姑娘'细心雕刻的。"这里有他们自己的感受，也有在课堂上让他们印象深刻的句子。

学生相互之间的交流，让他们学会了怎样去观察、思考、记录，美美地享受秋天，享受生活。

（黄霞　南京市鼓楼区丁家桥小学　五年级语文）

案例分析

教师在习作课前，要求并引领学生深入生活，学会有序观察，并交流、分享,从而使每个学生有话可写,甚至写出非常精彩的、有个性的文章。

《四季之美》预习单

案例描述

为了使高年级的学生在语段教学中能够抓住关键语句来阅读文本,培养学生思辨问题的能力、提取概括信息的能力、观察生活细节的能力等,有效地渗透德育意蕴,激发对大自然、对生活的热爱之情,我设计了以下预学单。

读	朗读课文,读完后在对应的星级前面打"√"。 (　) ☆ 正确、流利朗读课文。 (　) ☆☆ 正确、流利、有感情地朗读课文,边读边想象画面。 (　) ☆☆☆ 正确、流利、有感情地朗读课文,边读边想象画面,读出四季的韵味。
写	从第2~4自然段摘抄让你感觉美的句子,写下自己的感受或者想象的画面。 我从文中"_____"。 感受到____很美,我仿佛看到了_____。
查	查找其他作家描写的关于季节的文章、诗歌,读一读。
思	1. 课文是按照_____顺序来描述景物的。 2. 在作者笔下:春、夏、秋、冬四季最美的分别是____、____、____、____。 3. 在自己眼里,四季之中,最喜欢的是____季,这个季节最美的是_____。
练	一、小练笔 在你心中,四季之美又有怎样的独特之处?同学们,请你仿照课文,用几句话写一写自己印象最深的某个景致,抓住景致特点进行描写,可以通过它的变化来写出它的美! 二、评星标准 ☆ 语句通顺,能写出这一景致的美。 ☆☆ 能写出这一景致的静态特点和动态变化。 ☆☆☆ 能从不同角度去写,把这一景致写具体。 (　)最美是_____。

(徐媛　扬州育才实验学校　五年级语文)

案例分析

教师通过预习单,让学生在课前"读""写""查""思""练",不仅为新课学习做了铺垫,而且培养了学生自主学习的意识、能力,值得提倡。如果在学生预习基础上,引导学生提出困惑的问题,教学就更有针对性了。

《比的意义》认知准备的前测

案例描述

【前测分析】

访谈内容	访谈人数	访谈结果
1. 对"比"你想到了什么?	39	1. 第1题的访谈结果表明,很多学生认为"比"是表示两个量之间的比较,几比几大,几比几小;有的学生还会想到运动会中的计分表(1:3);个别学生能认识到"比"表示两个量之间的关系,而且是相除的关系。
2. 你还想知道什么?	39	2. 第2题的访谈结果表明,很多学生想知道"比"的概念是什么、"比"有什么好处、"比"在生活中通常用在哪里等。 3. 此类访谈结果并没有对错。教师只是想了解学生现有的知识储备,想了解他们对"比"这一概念有哪些认识,以便为备课做好准备。

题目	测试人数	正确人数	错误人数	错误率(%)	错误分析
3. 学校美术组有男生19人,女生24人。男生人数相当于女生的 $\dfrac{(\quad)}{(\quad)}$,男生和女生	39	23	16	41	1. 比写错。错误主要是没有关注写比的顺序,将男生和女生的人数写反了。 2. 比值写错。错误表现在:不理解什么是比

续表

题目	测试人数	正确人数	错误人数	错误率(%)	错误分析
人数的比是（　），比值是（　）。 4. $4:12=（　）÷（　）=\dfrac{（　）}{（　）}$	39	37	2	5.1	值，空着不写；比值的形式不知道怎么写。 3. 化简错误。最后一空的比值属于前测，不用过分地关注是否化简，应重点关注比、除法和分数的关系。但在新授课中，要重点强调化简问题。

【问题分析】

从整个前测来看，学生不知道如何表述"比"的概念，但是将"比"用题目的形式呈现，学生就会填写。这说明"比"的概念比较抽象，需要具体的情境去支撑以帮助学生理解。在前测中也发现学生将数学中的"比"和生活中的"比"两者概念混淆。教师备课时应该考虑这一区别，让学生能够真正理解。

【应对措施】

很多学生对"比"这一新知充满了好奇，也想知道为什么需要学这一部分内容。这说明学生对新知有探究欲，在课堂中要充分调动学生的积极性，为他们学习新知助力。比在叙述时是有序的，要让学生在叙述的过程中完整体验，并通过交换比的前项和后项让学生体会正确叙述。教学中教师要重点强调比值化简问题。

（执教：刘雍玮　指导：周伟　扬州育才实验学校　六年级数学）

案例分析

该例教师运用访谈、让学生做相关习题等方法，了解学生在学习《比的意义》一课时想知道什么、主体需求是什么以及相应的认知准备有什么，在此基础上进行分析，并采取相应的教学措施，以保证教学效果。

第三节　学习情感动机的差异及对学习的影响

学生学习的过程不仅是一个认知过程，其中也蕴含着丰富的情感因素。情感动机深刻地影响着学生的认知过程。认知和情感相互影响、相互促进，构成了自主学习的基础。

一、学生学习情感情绪的差异

情感情绪是人的意识对一定客体的态度体验，具有波动性与感染性。积极的学习情感情绪有助于提高思维的敏捷性、灵活性和记忆的效果。孔子说的"不愤不启，不悱不发"就是这个道理。学生在开始学习新内容时，除了存在认知方面差异，通常在情感情绪方面也有很多不同。有些学生对学习很有兴趣，积极向上，愿意学习；有些学生则将学习看做一种义务和要求；有些学生甚至害怕和讨厌学习等。布鲁姆把学生参与学习过程积极性的高低，称作学习的"情感前提特性"。它受对特定的学习课题所持的情感态度、对学校的态度、对学习的态度以及对自身态度的制约。有的学生虽然热爱学习，但因为某些原因一度焦虑、苦闷，感到威胁或暴躁，这也会影响学习。

在系列学习任务中，学生是带着与新任务有关的、以前的学习经历而进行学习的。在某项学习任务完成时的情感情绪特点，可在后继学习中反映出来，并对学习产生积极或消极影响。具体说，在一系列任务学习中，学习任务 1 时，因学习成功而获得满足感的学生，受到学习成功的激励，具有学好的自信心，在情感情绪方面为学习任务 2 做好准备；相反，在学习任务 1 时失败的学生，在心理上受到消极的影响，怀疑自己的学习能力，就不可能为学习任务 2 做好情感情绪准备。那些带着兴趣和热情进入后继学习任务的学生，比没有兴趣和热情的学生学得更容易，速度更快，达到的成绩水平更高。正如"知之者，不如好之者，好之者不如乐之者"，积极的学习情感能升华为学生的学习动机。

二、学习动机的影响因素

动机是发动并维持活动的倾向或意向。学生的学习要取得好的效果，首先要有学习的动机和愿望。动机与学习之间的关系是相辅相成的。美国教育心理学家约翰·凯勒设计的学习动机模型中有四个要素，即"注意""相关""信心""愉悦"。学生要注意到学习的内容，才有可能产生学习动机。那些感觉统合失调或情绪行为有障碍等问题的学生，往往由于自身原因没有注意到学习的内容，也就不可能产生学习动机。学生注意到学习内容，但认为和他不相关，如有的学生认为学习外语没有用，他也不会产生学习动机。有的学生虽然注意到学习内容，也认为和他相关，但他认为自己没有能力学好，缺少自信，也难以产生强烈的学习动机。学生在学习中，如果具备了前几个要素，在学习的过程中又很愉悦、高兴、有满意感，学习动机就会持续上升。当然在学习情境中，动机的产生不仅有个人的发展和情感情绪需要，还有社会发展的需要因素，这有赖于学生的志向水平与所期待的价值观。我们还应对学生进行学习目的教育。

差异教学案例

探究蛋壳的奥秘

案例描述

《探究蛋壳的奥秘》一课旨在通过让学生感知经历，从蛋壳形状特点得到启发，从而设计拱形和薄壳结构这一仿生过程，提高学生的探究能力，促进学生的思维能力，体会到仿生的方法和价值。

一、教学目标

1.观察并描述蛋壳，知道蛋壳的特点。

2.通过用握、戳、浇、压等方式破坏蛋壳，感受蛋壳具有抗压性强、能承重的特点。

3. 了解拱形，找出其与蛋壳之间的关系，从而认识薄壳结构。

4. 知道拱形和薄壳结构在建筑和生活上的应用。

5. 能基于所学知识，在观察事物后提出可探究的科学问题。

二、教学重难点

1. 教学重点：探究蛋壳和拱形的承重能力。

2. 教学难点：解释蛋壳具有强大抗压能力的原因。

三、课前准备及前测

1. 课前准备。

教师材料：若干完好的鸡蛋、哑铃片、木块、铁片、A4大小的木板、A4纸等。

学生材料：蛋壳、铅笔、塑料瓶、塑料瓶盖、滴管等。

2. 前测及分析。

前测内容	测试人数	正确人数	正确率（%）	前测分析
1. 仔细观察蛋壳，并尝试用手用力握一握，能握碎吗？ A. 能　B. 不能	39	29	74.4	少数学生认为鸡蛋用力一握就碎。
2. 找一找下列哪些不是拱形建筑或建筑上的拱结构？ A. 赵州桥　B. 五亭桥　C. 椅子	39	25	64.1	大多数学生知道拱形建筑或建筑上的拱结构，并能够列举一些。

前测题1是让学生观察蛋壳，并尝试用力握鸡蛋。部分学生认为用力握鸡蛋可以把鸡蛋握碎。可以看出学生对蛋壳的抗压性并没有一个清晰的认知。因此，在教学时需要设计一个环节，帮助学生建立相关概念。

前测题2是考查学生对拱形建筑或薄壳结构的认识。根据前测我们发现学生知道蛋壳具有一定的承重能力，但是对蛋壳与拱形结构或薄壳结构之间的关系并不十分了解，这也是本节课教学重点。因此，需要通过寻找生活中的拱形建筑或薄壳结构，帮助学生发现蛋壳与拱形结构或薄壳结构之间的关系。

开展"差异教学"，教师要根据学生的年龄特点和知识储备，循序渐进地设计一些实验，帮助学生对蛋壳的特点进行探究，将学生的生活经验应用到课堂中去。本节课的重点是帮助学生了解蛋壳具有强大抗压能力的原因。

四、教学过程（片段）

（一）了解拱形和薄壳结构及其应用

1. 师：探究了蛋壳的形状和特点这么久，下面请你们用刚才所学的知识为老师解决一个问题。老师这里有一张白纸，将它平放在两个木块上，让它承受这些铁片，（边说边演示）很明显它做不到。你能根据蛋壳的形状特点得到一些启发，想办法改造一下这张白纸，让它既不贴近桌面，又能承受这些铁片吗？

生：将纸拱起来，做成拱形。

2. 师：请根据你的方案试试看。（请一名学生演示）

3. 师：其实很久以前，古人就从蛋壳的形状特点得到启发（PPT出示画了一条线的蛋壳），将这种结构运用于建筑或桥梁中。在建筑学上，外形为弧形的结构称为拱（板书）。

4. 师：下面我们一起来找一找这些中外知名建筑上的拱形结构。

（出示PPT：巴黎凯旋门、罗马万神殿、北京永定门城楼、河北赵州桥）

5. 师：那我们扬州有这样的建筑吗？

6. 师：其实还有一种结构，它由无数的拱拼接而成，就像这小小的蛋壳一样，这种结构被称为薄壳结构（板书）。

7. 师：同学们，你还想了解更多薄壳结构的知识吗？请拿出你们的阅读卡片。

8. 师：通过阅读，你学到了薄壳结构哪些知识？

9. 师：除了蛋壳，生活中你还见过哪些物品或建筑具有薄壳结构？

（学生列举）

10. 师（出示头盔）：这是什么？（头盔）无论是古代还是现代，国外还是我们中国，虽然头盔的材料造型各不相同，但它们的共同点都是采用了薄壳结构的设计。

（二）寻找拱形和薄壳结构在生活中的应用

1. 师：欣赏了那么多，可以发现拱和薄壳结构一直是世界各地建筑的关键元素，在现代生活中应用非常广泛。老师给大家准备了图片，请大家找一找图片中的薄壳结构，还可以用笔画一画。

2.师：课后继续找拱形和薄壳结构，用拍照或者画图的方式记录。

（李翠　扬州育才实验学校　五年级科学）

案例分析

该例在对学生前测的基础上，利用学生的好奇心，联系学生生活，激发了学生的学习兴趣。学生学习积极性很高，能主动地参与到学习活动之中。在教学中，教师灵活运用教学语言评价、激励学生，增强了他们的自信心。课上也有个别学生学习不够主动。教师还要多关注学困生，让他们也积极参与学习，逐步提高学生的科学素养。

第四节　激发学生学习动机的方法艺术

教师走进课堂时要设法激发学生的学习动机，因为只有当每个学生都有强烈的学习愿望时，才能产生好的学习效果。

一、激发学生好奇心，提出学生感兴趣的问题

现在有的教师为了调动学生学习的积极性，把学生的注意力吸引到分数、名次、奖惩等外部因素上，这在短期可能会有一定效果，但长远看是不利于学生发展的，难以维持学生对学习的高度兴趣。学生的学习动力，从根本上说，不是靠考试分数等外部因素，而是依靠自身的学习情感动机。正如爱因斯坦所说，教育不是用好胜心去诱导学生的竞争心理，而是用好奇心激励学生的科学兴趣。教师要创设必要的学习情境，提供"形而下的风景"，托物起兴，情寓于

象，促使学生本体性的情感兴发。

学习往往从问题开始。但是，不同年龄的学生感兴趣的问题不一样。有位小学教师教分数的初步认识，从西游记中猪八戒嘴馋要分大饼说起，这个问题适合低年级的小学生，但不适合中学生。一位中学教师教对数表时，不是急于介绍对数表的知识，而是首先提出一个问题"如果一张纸的厚度是 0.0863 mm，把它折叠 30 次后有多高"，将新授知识转化为学生感兴趣的问题，从而使每一个学生都对这节课产生极大兴趣，积极主动地学习。因此，教师要了解自己的学生，以及学生感兴趣的问题。当然，年龄相仿、水平不一的学生感兴趣的问题也不完全相同，有时需要设计一组问题，以满足不同学生需要。

为了培养学生的创新精神，我们要鼓励学生自己大胆提问题，敢于挑战权威。教师在引导学生对问题梳理分析的基础上，突出课上要解决的本质问题，并在这个过程中，逐步培养学生的问题意识和提出有价值问题的能力。当然，学生提问题的能力水平是不一样的。教师要区别对待，加以引导。另外，学生由于自身阅历、经验和理解能力的限制，有时也需要由教师直接提出关键问题。

二、挖掘教学内容本身蕴含的情感因素，培养学生学习兴趣

教学要体现审美性、理智性。很多教师利用本学科的特点，培养学生的学科兴趣，产生积极的学习情感。有的教师在数学教学中，适当讲些数学史知识以及数学在现代科学中的作用，在课堂上形成一种氛围，激起学生对数学深入学习的渴望。例如"平面直角坐标系"一课，可以先简介大数学家笛卡尔，描述他如何酷爱数学，在梦中发明了平面直角坐标系，对数学发展起到巨大推动作用，然后引入正课，这样使学生学得趣味盎然。有的教师把上好初中物理序言课看作培养学生物理学习兴趣的关键，准备几个趣味小实验，如学生断言"不可能"的"小鱼煮而不死"的实验、演示小孔成像的实验，使学生对物理课充满兴趣。至于语文、外语等人文学科内容中更包含丰富的情感因素，教师要充分挖掘，并借助情景、活动等感染学生，使学生产生学习兴趣和动机。兴趣引发的学习动机有时是无意识的。教师要通过多种方式途径激发学生对所学内容的兴趣，而不是仅靠分数来调动学生学习的积极性。

三、学习内容对学生有挑战性

学习内容对学生要难度适当，有一定的挑战性，引起新旧知识的矛盾冲突，从而激发学生学习动机。但是客观存在的学生差异，很难使同一内容对所有学生都能构成挑战，在保证共同基本学习内容的基础上，要给学生自主选择学习内容的机会。

另外，教学要联系实际，特别注意联系学生生活实际，从而使学习变成学生的内在需求，激发他们学习的动机。例如，有的物理教师教学共振知识，从洗衣机的振动说起，教学反冲运动内容时又和航天火箭联系，使学生感到物理就在身边，学了很有用。

四、提高教师自身魅力和教育水平

"信其师，听其道。"许多学生喜欢某门课程，往往是因为喜欢某位教师，不喜欢学习某门课程也是因为不喜欢某位教师。而决定教师在学生中的形象地位的是教师的师德，特别是教师能否公平公正地对待每位学生、教师对学生关爱的程度以及教师的学识水平等。

教师在教育教学中，要注意维护学生的自尊和培养他们的自我效能感。学生有了自尊，往往对自己有较高的期望和要求，会强化学习动机。教师要引导学生在学习中正确归因，将成功归因于自己的努力。学生如果相信自己有能力达成目标，就会为了获得成就而不断学习。教师还要培养学生的意志力。学生意志品质好，学习中遇到困难也能努力克服，保持学习动机的稳定持久。

教学是技术也是艺术。有经验的教师往往能从学生的需要出发，自如地驾驭教学，还能借助幽默的故事、生动形象的多媒体，甚至自己的神态语言等牢牢地吸引学生。例如，有的英语教师让学生将学过的教材和语言材料设计成种种情境：有的改编成小剧目，在课堂上生动活泼地进行表演；有的开展多种多样的趣味竞赛活动，如单词接力赛、歌曲大奖赛、诗歌朗诵赛、表演比赛、讲故事大赛；有的坚持课前五分钟英语角，在轻松自如的学习中训练学生的口头表达能力等。"善歌者使人继其声，善教者使人继其志。"从趣味化的教学中，学生体验到了掌握知识的乐趣和创造的欢乐。

当然，为了使学生对学习产生强烈的动机，教师还要善于发现学生的优势学习领域，给他提供学习成功的机会，并创设一个民主和谐、自主学习的环境。

差异教学案例

《孔子论水》教学中的情感升华

案例描述

1. 师：同学们，孔子说"学而不思则罔，思而不学则殆"。那么，读完了孔子论水的这段话，你会有怎样的感悟与理解呢？请同学们选择自己喜欢的方式读课文，可以边读边写，看看这一段中的哪一点能够触动你的情思，引发你的感慨，请你在文章的空白处，写下你的感悟与理解。（3分钟）

2. 同桌交流。

师：同学们，我看你们都在文章的空白处写下了许多闪烁着智慧的文字。把你的读书收获拿出来先和你的同桌交流，可以读课文，也可以说说你的读书收获，好吗？

3. 全班交流。

（1）说水"有德行"。（多媒体出示：水奔流不息，是哺育一切生灵的乳汁，它好像有德行）

生：水哺育一切生灵，是说水有无私奉献的精神。

师：是呀！水滋润万物，无论是参天的大树还是低矮的小草，无论是奔跑的动物还是静止的植物。请你感激地读！

生（读）：水奔流不息，是哺育一切生灵的乳汁，它好像有德行。

生：我从"奔流不息"这个词看出，水在奉献时是不知疲倦的。

师：没有水就没有一切，请你敬佩地读！

生（读）：水奔流不息，是哺育一切生灵的乳汁，它好像有德行。

（2）说水"有情义"。（多媒体出示：水没有一定的形状，流必向下，和顺温柔，它好像有情义）

生：水好像很通人情，总能与周围的事物和谐相处，有时是方的，有时是长的……

师：什么时候是方的？能屈能伸，真大丈夫也！是呀！水流进方方的池塘里就是方的，流进长长的溪流里就是长的。它为人着想，真是宽厚待人，有情有义！谁能把这种情义读出来？

（3）谈水"有志向"。（多媒体出示：水穿山岩，凿石壁，从无惧色，它好像有志向）

学生谈体会。

师：由水的这种坚韧不拔的意志，你想到了关于水的什么成语？（滴水穿石）

师：是呀！有道是"人无志则不立"。孔子也说过："三军可夺帅也，匹夫不可夺志也。"水有一个志向，那就是奔向大海！那烟波浩渺、广阔无垠的大海是那么的让人魂牵梦萦、心驰神往。你看，（同时出示图片：波浪滔天的大海）那卷起的千尺巨浪，就是它不息的生命在涌动。为了实现崇高的理想，不怕任何艰难险阻。这就是流水的志向！亲爱的同学们，难道我们不应该有流水的志向吗？愿意读的同学站起来一起读！

学生站起，齐读。

（4）谈水"善施教化"。（多媒体出示：万物入水，必能荡涤污垢，它好像善施教化）

师：就这一点，你能具体地说说吗？

生：什么东西被水冲洗后都干干净净，多像一位教育孩子改正错误的老师啊！

师：万物入水，水都能帮其洗刷污垢，这一点又多么像孔子自己。不管是谁，无论是高贵还是低贱，无论是贫穷还是富有，只要他肯学习，孔子都愿意对其教化。这一句话包含孔子的育人观点、高尚情操，谁来读？

师：由此看来，（指板书）水是真君子啊！

成效分析：教师先安排学生边默读边就水的一点品性进行勾画、圈点、批注，让他们在文章的空白处写下自己的读书心得。古人有"不动笔墨不读书"的说法。不同的学生有不同的感悟和理解，一边读书一边作批注，既可以使人开动脑筋，促进思考，又可以加深印象，便于记忆，还能随时记下一些自己读书时的独特感受或思想火花。然后，教师安排交流读书收获，让学生分享自己的读书心得，让学生和教材真诚地对话。师生、生生之间的有效互动，或唤起认同，或触动联想，或在与他人的交流中逐渐完善自己的想法，从而使交流的内容更趋于丰富、生动、全面、准确和深刻，进而深入文本品词析句，真正体现了学生自我探究、自我学习的主体地位，也体现了差异教学的真正实质。

（张卉　扬州市育才小学　六年级语文）

案例分析

该例中教师充分挖掘学习内容中的情感因素，并利用生动形象的多媒体，激发学生对水的情感，以水喻人，促进学生情感的升华，深刻体悟到水是"有德行""有情义""有志向""善施教化"的真君子，提高学生的语文素养。

Bird watchers Reading 课堂的情感互动

案例描述

1. 导入阶段。

教师创设情境，展示歌手朱哲琴的MV《丹顶鹤的故事》，使学生对所学课文及相关背景有一定的心理预期，通过音乐MV的形式来呈现所学内容，使学生觉得亲切自然、不生硬不做作，并能很快融入课堂教学的氛围。通过对一个小女孩用生命换来一只受伤的丹顶鹤的新生的音乐故事的倾听和描述，学生会对丹顶鹤及其他濒危鸟类为何受到如此保护等问题感兴趣。教师和学生可以通过情景对话，进一步讨论此话题。从询问"最喜爱的鸟及原因"入手，不断加深师生对话的层次，丰富交谈的内容，不断调节课堂气氛，从而促使学生逐步进入课题。在设计中要分析学情，尊重学生需求差异，注意激发每个学生的学习动机和内在需要。

Teacher: What kind of bird do you like best? Why?

Student: I like the golden eagle best because I think it's quite powerful, it's also very brave and always has a big goal inside your mind .

Teacher: I know that you mean you also want to be a man like a golden eagle , you want to be powerful ,brave and you always have a big goal in your mind. Tell me , do you want to be something in the future? A president perhaps?

（师：你最喜欢什么鸟？为什么？生：我最喜欢雄鹰。因为它非常强大，还很勇敢，心里总有一个远大的目标。师：我知道了，你的意思是你也想成为一个内心强大的勇敢的人，你也总是怀有远大的理想的。告诉我，你将来是否想干一番大事业呢？也许，想做一个总统？）

Teacher: What kind of bird is your favourite? Ant tell me the reason please.

Student: My favourite bird is swan. Because I think it's very quiet and peaceful. Also, it is very graceful.

Teacher: Oh, you want to live a graceful and peaceful life. You're a really gentleman.

（师：你最喜欢的鸟是什么呢？请告诉我原因。生：我最喜欢的鸟是天鹅，我觉得它安静、平和，并且它很优雅。师：噢，你想过一种优雅的、安宁的生活，你是一个真正的绅士。）

类似回答可以进行四五次，教师通过对不同类型学生的不同喜好的了解和分析，以师生谈话的形式紧紧吸引学生注意力，因为每个学生都希望了解别人，更希望自己被了解、被接纳。

2. 新授阶段。

新授单词的学习有一定的挑战性。根据学校学生学习能力较强的特点，教师通过对单词讲解的适度扩充和拓展来吸引学生的注意力，引导学生尽量在课堂上解决识记单词任务，为下一步学习打下良好基础。如教授"shelter（庇护所，栖息处，住所）"时，课文里只出现了"The area provides food and shelter for wild life（这片区域为野生生物提供了食物和栖息地）"这一句，考虑到学生差异性的客观存在（部分学生求知欲、学习能力特别强），教师在备课时进行了适当的挖掘和补充，并遵循由浅入深、环环相扣的原则。先请学生猜测名词短语"a bus shelter（公交车候车亭）"的含义，然后再逐步加深难度，教动词短语给学生：take shelter from rain（躲雨）、give shelter to sb（庇护某人）、shelter sb/sth from（动词短语，庇护…使…不受…）。直至最后，当教师说出一串与"shelter"有关的短语或句子时，全体学生争先恐后纷纷举手回答：a shelter for dog（狗窝）、bomb shelter（防空洞）、shelter oneself（掩护自己）等。其间有错误的猜测或答案，但丝毫不影响全体学生的猜词热情。

教授"nature（自然）"时，教给学生如何说"大自然（mother nature）"，并让学生猜测"have a call of nature"的意思。

Teacher: I always let you go out and in quietly from the back door without my permission in class when you have a call of nature.

（师：上课时，当你 have a call of nature 时，我总是让你们不用经我允许自己直接从后门悄悄地进出。）

学生自然很感兴趣，并能通过教师的暗示和大量信息供给，得出"have a call of nature"是"上厕所"的书面表达方法的结论。学生哈哈大笑。这种贴近生活、贴近学生实际的词汇教学方法，充分调动并激发了每个学生的学习情感动机，使其主动积极地去参与、去活动。

教师还精心预置了针对课文的难易程度不一的八个问题，并要求学生不看课本尽量回答出这些问题，有选择地请基础较差的学生回答容易的题目，难题则留给基本功扎实或学习态势有上升、能力较强的学生。学生在答题时都能做到坦然、大方、大胆、活泼。不同层次的学生都能收获不同的成就感。教师让每个学生都自信满满地坐在课堂，在令人愉悦的环境中完成教学重难点的突破。

八个不同层次的问题：

Question 1（最容易的问题）：Where is Zhalong Nature Reserve？（扎龙在哪里？）

Question 2（较容易的问题）：What kind of land is in Zhalong？（扎龙以何物著称？）

Question 3（稍难的问题）：What is Zhalong famous for？（扎龙是什么地貌？）

Question 4（稍难的问题）：Why is it a great place for wildlife？（为何它是

野生动物的天堂？）

Question 5（稍难的问题）：Do lots of birds go there？ What about some of them？（很多鸟都去那儿吗？其中一些鸟类怎样呢？）

Question 6（难题）：Why is there less and less space for wild life？（为何野生动物的生存空间越来越小了？）

Question 7（难题）；Why are more and more birds in danger？（为何越来越多的鸟儿处于濒危状态？）

Question 8（稍难，较长的问题）；what are the members of Bird watching Club going to do this year？（今年观鸟兴趣小组的成员们打算干什么？）

（马小莉　扬州中学教育集团树人学校　初二英语）

案例分析

在例中，教师特别注意学生学习的"情感前提特性"，在引入新课时，充分挖掘了教材的趣味元素，并根据学生的不同特点提出不同问题，将新授知识转化为学生感兴趣的问题，使每个学生都对这课产生兴趣，积极地学习。教师根据教学目标，由易到难设计了八个不同层次的问题去满足不同学生学习的不同需要，实现了面向全体、尊重差异、提高学生素养的目标。

第四章

预设与生成挑战性学习目标

　　差异教学强调在确保基本核心素养目标的前提下，师生共同制订层递目标，从而对不同水平的学生都能构成挑战，促进每个学生的发展。挑战性学习目标不仅要根据课程标准及学生实际进行科学预设，而且有赖于教学中的动态生成。

第一节　挑战性学习目标因人而异

教学目标是教学目的在教学中的集体体现。教学目标必须内化为学生的学习目标，才能促进学生的学习。

一、学习目标及其影响因素

学习目标，是指学习活动的主体在具体学习活动中要达到的预期结果标准。学习目标制约学习内容，制约学习方向，影响教学的效率和质量。学生在目标意识，特别是目标的现代意识上是有差异的。学生为自己设立目标时常受以下因素影响。

1. 父母的要求。

父母的要求与子女对于成就的愿望关系密切。子女成就的愿望随年龄而加强。父母对子女要求越高，则子女对自己的成就愿望越强。父母教养水平的高低影响学生设立目标的高低。

2. 学习成绩的影响。

朱克纳特的实验、勒谢尔的研究结果都说明学生对自己的学业成功感到愉快，对学业的失败则觉得灰心。西尔斯曾将小学四、五、六年级的学生分为三组：一为成功组，他们平日的成绩优秀；二为失败组，由班上成绩最差的儿童组成；三为混合组，由语文成绩较优而算术成绩较差或语文成绩较差、算术成绩较优者组成。在测验前，让他们以过去的经验为依据对自己的测验成绩进行估计。结果成功组志向水平较高，估计的成绩符合实际情况；失败组的志向水平甚低，甚至低于自己实际成绩；而混合组志向水平则高低不等。志向水平的高低是和学生为自己设立的学习目标直接关联的，它们是一件事的两个方面，志向水平高，往往为自己设立的学习目标也高。

3. 与人对比的感应。

优等学生知道自己的学习成绩位于同班同学之上，他们设立的学习目标较高；中等学生处于居中的地位，他们往往采取中庸之道；至于差等学生，其志向水平并非完全低下，但常常表现出不符实际的现象，他们对自己没有信心，没有明确学习目标，或目标较低。因此，教师应根据各个学生的不同情况，帮助他们设立适合其水平的、又有一定挑战性的目标。

学习目标的差异不仅体现在认知水平上，还表现在情感意志水平和操作水平等方面。由于遗传和后天环境的相互作用，学生存在明显差异。有的学生逻辑思维能力相对较差，但他的形象思维能力、动手能力不一定差，他的学习意志、学习态度等方面也可能很好。因此，考虑目标的差异性应当全面。

二、挑战性学习目标的意义

根据学生认知的差异制定教学目标，有几种不同的观点。一种观点认为，遗传决定学生能力水平，教学目标要适应学生现有水平，教学应体现量力性原则。美国心理学家桑代克等认为，心理能力的发展就是具体知识技巧积累，从而把发展目标和学习目标等同起来。苏联心理学家维果茨基认为，教学应走到发展前面。他认为，儿童有两个发展水平，一个是现有发展水平，由已经完成的发展程序的结果而形成，表现为儿童能够独立地解决智力任务；另一个是潜在发展水平，是那些尚处于形成状态，心理机能成熟正在进行的发展水平，是儿童有可能达到的较高发展水平，即在有指导的情况下，借成人的帮助，在集体活动中通过模仿和自己的努力以解决问题。这两个水平之间的幅度称最近发展区。最近发展区的理论为我们揭示了儿童潜在的发展可能性。两种发展水平之间的动力状态是由教学决定的。笔者赞同维果茨基的观点，因为人的认知能力是一个开放系统，环境的改变能使它发生变化。

学习目标应处于学生的最近发展区内，并促进潜在发展水平向现实发展水平过渡。学生的发展很大程度取决于教学能否激发、启动那些正待成熟的心理机能。挑战性目标也最有利于调动学生学习的主动性、积极性。因为每个学生的最近发展区是不一样的，所以挑战性目标必然是照顾差异的。反过来说，照顾差异的弹性目标只有对每个学生的学习都构成挑战时才是有意义的。消极的、迁就学生水平的学习目标对学生发展是不利的。

三、学习目标的预设与生成

预设是指课前对教学目标的预先设计，生成是指课堂教学的生长和建构。预设和生成是对立的，但又是相互联系的。预设是生成的基础，生成是预设的提高。预设是显性的，生成是隐性的、个性化的。

差异教学案例

《春天来了》写话

案例描述

一、尊重差异，因势利导

班级学生的基础差异很大，这通过之前的仿写练习和平时语文课上的回答问题已经反映出来。在课上我先抛出一个小问题："春天来了，能说说你发现的变化吗？"通过学生的回答，考量将哪些学生划到哪个层次，我要为不同基础的学生设定不同的教学达成目标：一阶的学生要写出3个春天来了的变化，并能句子通顺；二阶的学生写出4~5个，并能在句子通顺的基础上尽可能使用简单的形容词；三阶的学生可以写出6个及以上，且有优美的句子。我通过备课和课上前期的预测来掌握情况。

二、资源助导，异彩纷呈

为了解决无话可说的写作情况，助学环节中，首先我在学生交流的基础上扩充气温、冰雪、小河、树、花、草、鸟7个写话方向，为学生提供写作资源。接下来我为基础不同的学生设计了不同引导语，指向不同的写话方向。例如，针对说话写话能力弱一些的学生，我要求他们根据黑板上给出的提示说合理通顺的话；针对能力强的那部分学生，我就引导他们说出美美的句子。我记得有个女生说"小河的冰化了，河水唱起了歌，向前流着"，有几个学生和她学。我鼓励了他们。但当班级中一个男生发言时，我故意问他："你能换一个说法吗？"他憋了半天，最后皱着眉泄气地问我："老师，我实在不知道。小河开化了，河水向前奔跑着，行不？""当然！太好了。"他顿时舒展眉头，笑了。我指名下一个学生，要求他把刚才的那句加上自己的想法再说一次。他说："小河开化了，河水快乐地向前奔跑。"说真的，那一刻我有一种"夫复何求"的感觉。就这样一个写话练习我整整上了30分钟！因为我根本停不下来。大家都跃跃欲试，一遍一遍地调整，说给我听。最终每个层次的学生都超额完成了学习目标，不只是句子数量，还有好词美句方面。这份惊喜远远超出30分钟时间的预计收效。

三、以评促学，异展异飞

我采用集中和分散的方式进行评价。集中在层次，分散到个体。之后我联系了家长，得到他们的支持，将课上的底稿进行了美工再创作，并展出。当这些习作投影在大屏幕时，教室里响起了一阵阵"哇！哇！哇！"的惊叹声。那一刻我要求学生说一说自己的感受，引导大家做正面的评价。我再进行专业的优势点评，即好在哪里、进步在什么地方。这些鼓励将在学生的心中洒下阳光。原本会让学生头疼的写话课后，我看到了学生欣喜的笑脸。学生感觉到：我以为我不能，但原来我能。

成效分析：差异教学强调促进学生发展，但并非每个学生各个方面平均发展，也非齐头并进，而是在各自基础上最大可能地发展。立足有差异的群体，实现和而不同的教学局面，要让每个学生的潜能都充分发挥出来。同一节课、相同的教学任务，面对不同的学生、不同的学情，如何在相同的教学时间内实现学生共同的发展，这就要看差异教学设计的魅力和智慧。本节课秉承差异教学理念设计教学环节。首先，从学生的差异出发，提问考量，因异设级，正所谓"有教无类"，面向全体，照顾差异。体现"平等式、共进式"的教学理念。其次，引入资源，提示助学，激活思维，因材施教，实现"递进式、充分式"的差异发展目标。最后，评价启思，家校互动，创意赏异，人尽其才，最大限度地实现学生的发展。一节课实现了学生在共同的学习中不同的提高、充分的发展、共同的成长——同生同长，异展异飞。

（刘祺臻　沈阳市沈河区二经街第二小学　一年级语文）

案例分析

由于遗传因素及儿童早期的环境与教育不同，一年级的小学生语文水平也有差异。教师参照课标，但不拘泥于课标，因异设级，引领学生学得更多更好，实现挑战性目标，促进学生最大限度地发展。

《鸡兔同笼》对学生的挑战

案例描述

一、练习前提测试，了解认知基础差异

五年级学生在解决实际问题中已有了一些知识和常识经验。但对鸡兔同笼问题，他们的了解程度不一。为了解学生的现实情况，找到课堂教学的真正起点及课堂教学的真正目标，我将教材的练习题提前测试。

请利用表格解答下列各题。

1.鸡兔同笼，有17个头，42条腿，鸡、兔各有多少只？

头/个	鸡/只	兔/只	腿/条

2.小明的储蓄罐里有1角和五角的硬币共27枚，价值5.1元，一角和五角的硬币各有多少枚？

硬币总数/枚	1角/枚	5角/枚	总价值/元

3.用大小卡车往城市运29吨蔬菜，大卡车每辆每次运5吨，小卡车每辆每次运3吨，大小卡车各用几辆能一次运完？

大卡车/辆	小卡车/辆	总质量/顿

前测结果：第一题答对的有39人，第二题答对的有25人，第三题答对的

有27人，三个题全答对的有23人。

二、依据学生认知程度，确定挑战性目标

通过教学前测，我更加清楚了学生有不同的知识背景和思考角度，他们的差异是客观存在的，对同一个问题常常出现不同的解决问题的方法。鸡兔同笼问题最核心的数学思想方法是假设法，教学中方程法也可补充进来。提倡学生思维的开放性和创造性，鼓励学生根据自己的知识、经验、思维，寻求解决问题的途径。为此，我制定了弹性的教学目标，让学生通过学习，能用一种方法或两种方法解决鸡兔同笼这类问题，走出课堂时都有收获。

三、满足学生需要，课堂差异教学

1. 提出挑战性的教学问题，再次了解学生认知基础，了解不同的解题策略。

出示例题：

> 现有鸡兔同笼，
> 上有一十二头，
> 下有三十二腿，
> 鸡兔各有几只？

你能用什么方法求出鸡有几只，兔有几只？

学习步骤：先让学生独立思考，然后两人、四人交流，最后活动反馈。

学生的解题方法（部分）如下：

列表法：

① 头	鸡	兔	腿	② 头	鸡	兔	腿	③ 头	鸡	兔	腿
12	1	11	46	12	2	10	44	12	6	6	36
12	2	10	44	12	4	8	40	12	7	5	34
12	3	9	42	12	6	6	36	12	8	4	32
12	4	8	40	12	8	4	32	12	5	7	38
12	6	6	36								
12	7	5	34								
12	8	4	32								

假设法：

```
鸡有 12 只?              兔有 12 只
2×12=24                  12×4=48
32-24=8                  48-32=16
8÷2=4（只兔）            16÷2=8（只鸡）
12-4=8（只鸡）           12-8=4（只兔）
```

方程法：

```
鸡有 x 只                鸡 x 只，兔 y 只
兔有（12-x）只           x+y=12  ①
2x+4(12-x)=32            2x+4y=32 ②
2x+48-4x=32              x+3y=20 ③
48-2x=32                 2y=8
2x=16                    y=4
x=8
12-8=4                   x+4=12  x=8
```

在教学中，我引导学生充分展示自己的智慧。在展示的过程中，我一一肯定多种计算方法如列表法、假设法、方程法，将学生之间天然存在的个体差异有效地开发成学习资源，转化成学生相互启发、相互融合的动力。

课堂教学作为一种特殊的认知活动，需要教师充分利用学生群体原有经验基础的差异，让思维在不断碰撞、交锋、磨砺中实现个性的张扬，从而实现视界的融合、经验的丰富、能力的提高、智慧的生长。

2. 多样算法的比较、优化。

这些算法的思维层次是有所差异的。教学的根本目的不仅是展示学生的已有水平，更是促进学生向更高的水平发展。通过多样的算法，学生体验到不同算法之间的区别，从而在更高层次上有所发展。所以，在算法反馈中，我既强调算法的多样性，又在尊重多样性的前提下帮助学生完成对多样算法的优化，

促进学生在原有不同经验基础上进一步发展。

第一，列表法。

师：看到这三种列表方法，你想说点什么？

生1：解决问题的方法一样。

生2："头"这一列都是12。

生3：举例选数不一样，第三个表格简单一些。

在互相补充中，全体学生逐步有了共识。学生的思维在互为补充中走向了优化。

第二，假设法。

为了使更多的学生了解这种方法，我创设情境，让学生进行角色表演。

首先进行角色表演。12个学生走到教室的前面，把2只手背后，当成可爱的小鸡。当看到实际的脚比假设的脚少时，就要给每只小鸡添上两只脚。这时每个学生哈腰伸出2只手，就成了可爱的小兔子，反之，也可以先当小兔子。角色表演使一部分学生明白了这种方法。

生4：$2 \times 12 = 24$　　　　生5：$12 \times 4 = 48$

　　$32 - 24 = 8$　　　　　　　$48 - 32 = 16$

　　$8 \div 2 = 4$（只兔）　　　$16 \div 2 = 8$（只鸡）

　　$12 - 4 = 8$（只鸡）　　　$12 - 8 = 4$（只兔）

接着运用图与算式相结合的方法。

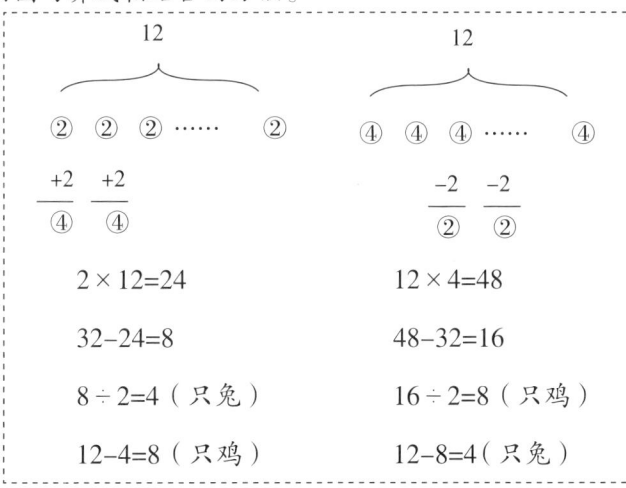

$2 \times 12 = 24$　　　　　　$12 \times 4 = 48$

$32 - 24 = 8$　　　　　　　$48 - 32 = 16$

$8 \div 2 = 4$（只兔）　　　$16 \div 2 = 8$（只鸡）

$12 - 4 = 8$（只鸡）　　　$12 - 8 = 4$（只兔）

两次活动不仅突出了情境教学的好处，即以活动方式体验数学，渗透数形结合的思想，更重要的是照顾了不同接受程度及不同学习方式的学生。

第三，方程法。

解：设鸡有 x 只，列方程为：$2x+4(12-x)=32$

这时我追问学生：$4(12-x)=48-4x$，$2x+48-4x=32$，这运用了什么知识？这勾起了学生的回忆——乘法分配律。

在解答二元一次方程时，我采用了学生已有知识对比转化进行讲解。学生通过对比转化解决了问题。

用不同的认知方法满足了学生不同的认知方式，达到了相同的思维发展——用方程法解决问题。从学生的眼神中，我发现有很多人已经领会了此方法。

就这道题，学生呈现了多种解题策略。在交流中，更多学生掌握了多种解题方法。课堂气氛宽松活跃，多样化的解答方式使学生感受到数学的独特魅力，变得聪明自信，在主动探索与合作交流中丰富了原认知，促进了个性发展。

3. 弹性作业。

最后在练习中，我给学生选择的权利，让学生"三选一"。

选择的目的是使学生主动调整自己的思维，寻找解决问题的具体方法。在解决问题的过程中，不同层次的学生都经历了"再创造"，并不断展示自己、优化自己、发展自己、提高自己。

（田丽利　北京市中关村第一小学　五年级数学）

案例分析

该例中教师在对学生前测的基础上，正视学生的认知基础及差异，设定挑战性教学目标，最后每个学生都达到教材的要求，用列表法解决鸡兔同笼问题，半数以上学生会用两种方法，约 1/4 的学生会用三种方法，甚至掌握了假设法、方程法。当然，这样好的效果的取得，还和教师促进学生自主学习、充分利用学生的差异资源有关。

第二节 制定挑战性学习目标的要求

制定教学目标（含学习目标）时不能照搬课标要求，而要重视学生的不同需求。

一、挑战性学习目标制定的要求

制定教学目标应有长、短期的考虑。长期目标如年度目标、学期目标，短期目标如单元目标、课堂教学目标，它们共同形成了一个枝状目标体系。课堂教学目标处于枝状末端，是由学期目标、单元目标分解而得到的，当然在分解过程中要考虑每节课教材的内容和学生的特点及知识的准备，照顾不同学生的需要。学生要在教师的指导下，结合自身情况将教学目标内化为个人学习目标，有时在课堂上也要灵活应变，适当调整目标，以适合自己的需要、兴趣和水平。在目标制定上，我们既不能只照顾学得好、学得快的学生，也不能保护慢者、约束快者。

每个学生的短期目标应处于各自的最近发展区内。安徽师范大学郭要红教授认为，挑战性学习目标有三个特征：（1）处在学生最近发展区内，并能促进潜在发展水平向现实发展水平过渡；（2）引发的学习是有挑战性的学习，即学生以较高水平的思维进行学习，学习内容有一定的深度、广度，并得到必要的教学指导；（3）引发的教学处于教学的最佳期，教学能促进学生发展。如果学生已经掌握了目标期望的行为，那么说明这个目标过低了，显然这个目标是不适合的；反之，学生还未学到目标所据以建立的行为，还没有做好相应的准备，说明这个目标过高了，也是不适合的。例如阅读，以批判分析课文为目标，但如果学生还未理解所选课文的性质，那批判、分析就不是适合的目标。

如果学生对要实现的目标有兴趣，就会产生我们期望的行为。如果目标是重要的，但是学生还没有兴趣，教师就应想方设法努力使学生对学习和运用目标行为产生兴趣，并扩展到形成目标继续发展的动机。

根据格朗伦德模式，在表述目标时可以将总的学习目标表述为期望的学习成果，再在每个目标下面，列出具体的表现样本。可以利用课程标准中对行为动词的描述。课堂学习目标的表述一般包括这样4个部分：（1）行为主体，如"××学生"；（2）行为动词，描述学生形成的可观察、可测量的具体行为，这里尽量用具体明确的行为动词，如"写出""背诵"等，少用"了解""喜欢"等比较含糊的说法；（3）情境或条件，即完成行为的情境、使用的手段、供给工具，提供信息和提示等，如"在同学帮助下""借助词典""提供提纲"等；（4）表现水平或标准，这可以是定性的或定量的，标准一般分三类：时间限制、准确性、成功的特征，如"5分钟读一篇课文，错别字少于5个"。当然，对于情感、态度方面的目标不能强求量化、具体。

二、师生共同制定学习目标

教学目标应由师生共同制定，并在教师的引导下，内化为学生的学习目标，这样才能对学生的学习产生巨大动力，并起到导向、调控等作用。

如果一个学生明确了学习目标、学习内容的意义，了解学习的范围，能控制自己学习的情境，支配自己学习的活动和速度，那么他是能学好的。但多数教师往往担心学生自己制定的目标标准太低。事实上，学生能制定适当的稍超过自己目前水平而可达到的目标。因此，教师要相信学生，并和学生一起商定他们的学习目标。

教师要引导学生从社会需要的角度，结合自己的特点来制定自己的长、短期发展目标。当今社会对学生提出核心素养的要求。我们应重新定位教育的目标，促进学生素养的提升。在教育教学目标中，应有基本技能方面的目标，如读、写、听、说的技能；应有应用能力特别是思维能力的目标，如创造思维、想象能力、决策能力、解决问题的能力，利用资源、信息和技术的能力及人际交往的能力；应有个性品质方面的目标，如自尊、自重、责任心、诚实、正直、自我约束等；还应有政治思想道德、伦理、社会文化、身体心理、科技、审美等方面的发展目标。学生通过学习和活动，学会做人、学会求知、学会健体、学会审美、学会合作、学会创造。每个学生都应该明确他们长期的、全面发展的大目标，并不断充实调整自己的目标，使它更具有时代的气息。学生还应在教师的指导下，制定短期学习目标，通过短期目标的实现，最终实现长期目标，并在学习过程中对学习目标适当调整，以更符合自己的情况。

  课堂上的教学目标一般先由教师预设。教师要依据课程标准、学生素养的要求，紧密结合教学内容制定目标。为了较好地预设教学目标，教师还须精准分析学情：了解学生的认知起点水平，学习难点所在，使目标更具准确性；了解学生学习的特征及不同学习需要，使目标更具递进性。教师可以先考虑全班共性的教学目标，其中认知目标可参照布鲁姆教育目标分类设计梯度目标，供不同学生参照。学生结合自身情况进行调整，确定个性化的挑战性目标。对于基本的、重要的学习目标，即使后进学生有困难，也不能随便降低，而是提供更多的支持和帮助。教师在课上揭示教学目标，让学生人人明白，并转化为自己的学习目标。教学目标的揭示，固然可将目标直接公布在黑板上，但也可用迂回的方法。笔者听了这样一节小学五年级数学课。上课伊始，教师在黑板上写出两道数学题：（1）求 10 和 14 的最大公约数和最小公倍数；（2）求 12、14、16 三个数的最大公约数和最小公倍数。然后教师发问："同学们，看看这两道题有什么特点？再想想我们今天要学什么？"学生比较了这两道题特点后恍然大悟，齐声回答：今天要学习求最大公约数和求最小公倍数的联系和区别。这样，全班学生都明确了今天这节课的学习目标。

差异教学案例

"Micro：bit 简易运算器"小程序设计

案例描述

  一、教学内容

  Micro：bit 是一款 ARM 架构的单片机，有板载蓝牙、加速度计、电子罗盘、3 个按钮、5×5LED 点阵，主要用于青少年的编程教育。本节课重点学习编程模块内的变量模块及数学模块的运用，并结合LED灯及按钮等，制作简易运算器。

二、教学目标

基础目标：学会新建变量及使用方法；学会数学模块中运算指令的使用方法。

挑战性目标：能设计出混合运算功能。

过程与方法目标：通过观察、分析、创作，培养处理信息、运用信息的能力；培养发现问题、分析问题和解决问题的能力；通过自我探究、相互协作完成课堂任务。

情感态度与价值观目标：通过Micro：bit传感板学习，培养学生实事求是的科学态度和严谨的思维推理能力；利用Micro：bit传感板制作解决学习中实际问题的工具。

行为与创新目标：通过学习，培养学生举一反三、自我探索、创新和相互合作的精神。

三、教学重点难点

教学重点：学会变量的建立及相关指令的运用方法；学会数学模块中运算指令的使用方法。

教学难点：能综合运用变量、数学、输入、显示等模块创作有新意的作品。

四、教学过程（片段）

1.得出运算结果。

师：两个加数已经能按要求出现了，那么如何得出运算结果呢？完成任务二：利用多种方法，同时按A键和B键，得出运算结果。

学生自主探究并尝试操作。

师：下面请一位同学来告诉我们，你是在哪个模块中找到运算方法的，并请你上台演示一下操作过程。（预设：数学模块）

师：做得非常好，还有其他的方法吗？（预设1：新建变量"和"；预设2：利用"以1为幅度更改变量"指令）

学生选择喜欢的方法继续完成操作。

师：做得非常好，下面我们一起来试一下加法运算练习吧！按A键、按B

键，你自己的心算答案是……，一起验证结果是……。

2.使用重力加速度传感器，完成混合运算（A+B）*2（任务三）。

师：前面我们已经完成了加法运算，下面看看如何制作混合运算。

学生利用已学知识，在数学模块里再找到乘法指令，与前面指令进行嵌套组合。

学生尝试操作，发现问题。预设：混合运算顺序出错，即运算指令的嵌套使用不当。

师：谁来帮助这位同学？还有其他的方法吗？（预设：利用变量"和"，完成程序设计）

学生继续操作。

本环节中任务二的设置，让学生有了大展身手的机会。学生根据要求，探索并发现了三种设计加法运算的方法。第一种方法为直接运算获得，这是学生通过前面的学习经验得到的最直观的体验。第二种运算设计使用了"代入"法，（有一部分学生想到了）虽然没有第一种方法快速直观，但如果在脚本较多的时候，这种方法更适合，并且不容易出错。第三种方法体现了递增的算法，在加减法中适用。三种方法体现出学生思维的差异性。任务三这种设置让学生根据本课所学知识举一反三，融会贯通，利用指令嵌套，设计出混合运算。本环节让学生在算法设计方面进行思考并展示成果，可以很好地培养数学思维，同时也提升了计算能力。

（张艳冰　扬州育才实验学校　五年级信息技术）

案例分析

教师在分析内容、了解学生的基础上，不仅制定了认知方面的基础目标、挑战性目标，还制定了提高学生素养的其他方面相关目标，增强了师生的目标意识。教学中设置不同任务，引导学生多法探究，促进每个学生达到基础目标，并努力实现挑战性目标的要求。

第三节　课堂教学目标的调整与生成

我们在教学前，要依据课标、教材和学生的实际情况对教学目标进行预设，有时还要根据课堂情况调整、生成新的教学目标。

一、教学目标的调整是为了更好地体现目标的挑战性

课堂教学目标是指教学活动主体预先确定的、在具体课堂教学活动中所要达到的教学结果。它是教学目的的具体化，具有定向、激励、测度、聚合的功能。教师可以从认知、情感、能力、行为等方面为全班学生制定目标。这些目标的实现往往是整合在一起的。另外，情感、价值观、能力、方法等方面的目标，在一节课内不一定能实现，有的目标也难量化测评。但是教师在教学中要有目标意识，向目标去努力。

教师应尽可能制定有一定梯度、不同类型的目标，给学生选择的机会。例如，小学朗读的目标可以是没错别字、不丢字、不添字、吐字清楚、连贯、流利、正确、声情并茂等。教学目标应当体现差异，考虑不同学生的需求，但是都应在他们的最近发展区内。不能借口照顾差异而降低要求，迁就低水平，这样不利于学生的发展。有的教师不恰当地运用布鲁姆的教育目标分类，对后进生的要求停留在"识记""了解"层次上，对他们缺少必要的思维要求和训练。长期下去，后进生的发展会受到一定影响。有的教师为后进生减少的知识内容太多，没有挖掘他们的潜力、着眼他们的发展，导致他们同其他学生差距越来越大，直至跟不上班。这些都是我们制定体现差异的教学目标时需要注意的。教师应鼓励学生根据自己的情况，选择适合自己的挑战性学习目标。

挑战性学习目标不是静态的，更不是教师课前一个人设计确定的，需要根据学生的学习状况不断加以调整，特别是有关过程方法等方面的教学目标，更不可能一成不变。预设与生成是辩证的。师生都应有不断调整教学目标的意识，从而最大限度地挖掘教学的潜力，提高教学的效率。

二、从课堂实际出发调整和生成新的学习目标

　　课前设计的学习目标在课上不一定符合学生的实际情况，特别是不符合部分学生或个别学生的情况。因此，有时要对预设目标做出调整。有的教师调整目标时过于简单，如对一般学生是三个知识点目标，而对困难学生就是一个知识点目标。其实，学生间实现目标的差异更多的是程度的差异、学习速度的差异、支持条件的差异，而不是目标有无的差异。例如，一位教师教学4的乘法口诀，对一般学生要求达到三个学习目标，即"会借助生活情境理解乘法口诀""会编乘法口诀""会用乘法口诀解决生活中的问题"，而对班上几个困难学生只要求达到第一个学习目标，即"会借助生活情境理解乘法口诀"。这几个困难学生开始学习时，正如教师估计，的确不会编"一四得四""二四得八""三四十二"等乘法口诀，但在其他同学的回答和启发下，他们最终也能编出"四七二十八"的口诀。这说明教师课前为他们设计的学习目标偏低了。

　　在当今信息化的时代，学生获取知识的途径有很多。他们在课堂上也会成为信息源，并给教学带来许多机会。教师要抓住这些机会，充分利用这些差异资源，生成事先没有设计确定的新的学习目标。这些目标可以是知识技能方面的，也可以是情感态度方面的，或策略方法方面的。要处理好预设与生成的动态平衡。预设应为生成留足时间、空间。特别是还要通过优秀生作用的发挥、引领更多学生深度学习，不断生成，实现挑战性目标。在这个过程中，实现师生的共同成长。

差异教学案例

"看雪"

案例描述

　　一场大雪让我们彻底感受到冬的气息。凭窗而望，操场上姹紫嫣红的"花

朵"在白雪中绽放，好一幅美妙的"儿童戏雪图"。

看到孩子们雀跃的身影、如花的笑靥，我真切地感受到雪带给孩子们的欢乐。置身于雪中的孩子们就是大自然最生动的杰作。

上课铃声响起，孩子们走进教室，眼中充满欢乐，有的更是毫不掩饰地望着窗外纷飞的雪花。我也被雪、更被这些爱雪的孩子们深深感染，朗声诵道："北国风光，千里冰封，万里雪飘。人们都把冬天比作粉装玉砌的世界，那在你们眼中，刚刚和你玩耍的雪花像什么呢？"一句话激起了全班同学的热情，他们个个浮想联翩，灵感大发，争先恐后地发言。有的说"像星星"，"像树叶"，"像鹅毛"，"像棉花"；有的说"像飞扬的粉笔末"，"像从天而降的珍珠"，"像老爷爷的白胡子"，"像洒落的碎纸片"，"像淘气的孩子"；还有的说"像上下翻飞的白蝴蝶"，"像吹散的蒲公英"，"像舞动的精灵"，"像白色的花瓣"，"像白花花的银子"，"像纯洁的小天使"；等等。

听着孩子们动情的描述，望着他们那一张张生动的小脸，享受着他们各具特色的灵感，我感到教师只要给孩子一点"星火"，他们就能燃起火花。是的，课堂上只要教师真正确立学生主体地位，他们一定会用自己的方式创造出更多的惊喜。

古语说得好："学非探其花，要自拔其根。"孩子的大脑是一个神秘的宝库。课堂上，教师走进孩子的情感世界。课堂弥漫着民主、平等、愉悦的氛围，成为师生交往的平台。置身于课堂的教师以全部的生命力投身其中，往往可以点燃孩子智慧的火花，激发孩子的灵感。而这也正是体现教学过程生成性的最可贵的部分，它们使得我们的语文课如诗如画，令人神往。

课后访谈

师：你对课前"看雪"这个随机的安排有什么感想？

生1：说实在的，我没有想到您会带我们一起"看雪"，因为这不是我们这堂课的教学内容。下课时，我们跟雪玩得真的很开心。上课铃响，我根本没心思上课。可是，您一提到雪，我马上来兴致了。您真是给了我们一个意外的惊喜。

生2：我喜欢这样的安排。当我们眼睁睁地看着雪花飞舞时，当我们全情投入时，想象对我们来说就是一件自然而然的事了。

生3：我想老师是有意安排的，"看雪"的真正目的是让我们不看。

生4：老师，从您的眼神中我看出了您也和我们一样喜欢雪，所以想和我们一块讨论。

教学反思

预设与生成是一对辩证的概念，以往的教学多是忽视生成，把预设的教案视为剧本。学生是一个鲜活的生命体，他们总是带着自己的知识、经验、思考、灵感、兴致参与课堂教学。高效的教学本应是丰富而多变的。

从本叙事可见：

生成的亮点——突发情境是学习燃点。见雪生情，宜于对下雪即兴描述与抒发，这恰是大语文的教学观。

生成的动力——主体兴致、欲望与满足。所有能高效地促进学生发展的学习，都一定是学生跃跃欲试地想参与的。

生成的目标——态度、学识与智慧的发展。生成点多是知识与技能、方式与方法、情感与态度等教学目标更佳合成点。

生成的功底——教学历年更新与专业水准的提升。教学本是一个动态生成的过程。"没有生成的预设是死的，没有预设的生成是空的。"生成性教学对教师专业化发展提出了更高的要求。

正如叶澜教授所言，课堂应是向未知方向推进的旅程，随时都有可能发生意外的通道和美丽的风景，而不是一切都必须遵循固定线路而没有激情的旅程。

（刘祺臻　沈阳市沈河区二经街第二小学　三年级语文）

案例分析

教学的逻辑必要条件，首要是引起学生学习的意向，唤起学生学习的欲望。本例中，教师准确、随机、适时地抓住"生成点"，因势利导开展教学活动，鲜活生动、效果甚佳。本课教学在弹性预设的前提下，由教师和学生根据不同的教学情境，自觉构建教学活动。教师要机智，要随时关注学生的生活和兴趣，根据学生的兴趣和教学中突发的、有意义的事件及时调整教学计划，以满足学生发展的需要。

"节外生枝"与教学生成

案例描述

学生已经有解答单个生活问题的能力,但是缺少综合运用数学知识与技能的意识,不能主动将生活中的问题与数学对接,更不能主动选择较好的实施方案。因此,教师在课堂上给学生创设交流的空间,让他们自主学习、合作交流,以准确地找到最佳方案。具体教学过程如下。

师:旅行社推出了A、B两种旅游的优惠方案。(出示课件)

A:景园一日游,大人每位160元,小孩每位40元。
B:景园一日游,团体5人以上(包含5人)每位100元。

师生讨论两种方案。

师:现在有两个旅游团来旅游,第一个旅游团4个大人、1个小孩,第二个旅游团2个大人、4个小孩。他们该怎样买票省钱呢?如果你是其中的一员,能自己尝试解决这个问题吗?

学生计算并说出答案:小孩多时,选择A方案优惠;大人多时,选择B方案优惠。

接着,教师又提出了另一个问题:如果有6个大人、3个小孩,他们又该怎样买票省钱呢?请动笔算一算吧。

生1:

A:$160 \times 6 + 40 \times 3 = 1080$(元);
B:$6+3=9$(人),$100 \times 9 = 900$(元)。
$1080 > 900$。
答:选择B方案优惠买票省钱。

师:大家都是这样想的吧?

生齐说:是。

这时新的方法生成了。

生2：老师，我有一种方法，您看行吗？

师：好，那请你说吧。

生2：我的方法是大人买团体票，小孩买每位40元的小孩票，$6×100+3×40=720$（元）。我这么算，结果比刚才的A、B两种方案都省钱。（尊重学生，发挥优生作用，拓展学生思路）

师：同学们，你认为他的方法有道理吗？

生：有道理，你太聪明了……

师：对，他的方法非常好。刚才我们只考虑了A、B两种方案单独使用，而没有考虑到A、B两种方案交叉使用。在实际生活中，哪种方法对我们更适用呢？

生（异口同声）：第二种交叉使用的方法。

师：对，他的方法更适用。我们真得感谢他，是他让我们对问题又有了新的思考，从多个角度分析同一个问题。

师：通过这节课的学习，我们不仅掌握了解决问题的基本方法，还能做到具体问题具体分析，灵活选择方案。希望同学们今后能够运用我们智慧的双眼，去发现生活中的类似问题，并尝试用最佳的方法来解决。

（苏霞　鞍山市宁远镇小学中心校　五年级数学）

案例分析

本例在比较旅游费用时，充分地让学生自主参与学习活动，找到最佳方案，从中体验到生活中的数学无处不在，学有用的数学。教师兼顾全体学生，让不同层次的学生都能达到学习知识的基本要求。在比较旅游费用时，对于A、B两种方案交叉使用的情形，教学本来不要求，但课堂上的"节外生枝"，又把这个问题给挖了出来。在优秀生带动下，这个问题轻而易举地被解决了，培养了学生运用多种策略解决问题的能力。

第五章

教学内容的调整与组织

差异教学既要有确保核心素养目标达成的共同的教学内容，也要有学生根据自己需要可选择的学习内容。要对教学内容科学加工，促进学生深度学习，从而实现挑战性目标。

第一节　设计开放可选择的学习内容

所谓开放可选择的学习内容是指教学内容要以课标为依据，但又不拘泥于教材，应从学生差异出发，给学生提供开放的空间，由学生自主选择。

一、以课程标准和学习目标为依据

在一个班级中要照顾学生的学习差异，有三个基本途径：一是同教材，同要求，异进度；二是同教材，同进度，异要求；三是异教材，异进度，异要求。同一班级学生采用不同教材，学习不同内容，对于我国班额比较大的情况，显然是行不通的（少数边远山区学生数很少的小班例外）。而"同教材，同要求，异进度"，虽只用了一套教材，但由于进度不一，很快就会造成同班学生学习内容不一样。他们需要不同的教学辅导，需要不同的教学媒体。由一个教师来承担这样的教学是相当困难的。因此，在一个班级中照顾差异的、明智的教学策略，应是"同教材，同进度，异要求"。当然，同教材并不等于教学内容也完全一样，可以对教学内容做适当的调整和组织，以适应不同的教学要求和目标，使水平高的学生在一般水平上得以提高。同时，加强辅导困难的学生，以达到基本要求，跟上一般的进度。

调整教学内容的主要依据是课程标准和学生的实际情况。各科课程标准是根据各学科的特点、社会对教育的需求，以及一般学生的身心特点制定的，对教学具有普遍的指导意义，是我们调整教学内容的依据。

教学目标是教学目的、要求的具体化。教学目标既要体现课程标准的统一要求，又要体现学生的差异。对班上有特殊教育需要的学生，应制定适合他们的教学目标。教学内容也要随之做相应的调整，以保证教学目标的实现。教材是教学的主要资源，是实现课程标准和要求的重要载体。但即便使用多样化的教材，也难以保证适合不同学生的需要。例如，农村的学生对教材中去供销社买化肥的情节内容不难理解，但城市的学生却没有这样的体验。这就要求教师在保证教学要求的情况下，对教学内容进行选择和调整。

二、联系学生的生活和经验

调整教学内容还要依据学生状况，联系学生的实际经验。有些小学生很聪明，但学习长度单位、时间单位时却发生困难。究其原因是经常在家独自玩玩具，和其他同学在外游玩少，对时间和长度缺少体验，从而造成学习困难。要按照学生的认识规律安排教学内容，如先教一般三角形，再按角的大小，分化为锐角三角形、直角三角形、钝角三角形等。

我们尤其要了解有特殊教育需要的学生的实际情况，如认知水平、知识基础、学习态度、兴趣、习惯等。这些学生个体差异很大，如同样是视力残疾学生，低视生一般可通过助视器采用明眼文字进行学习，而盲生则要学习盲文。盲生也不是千人一面，盲生中失明时间的早晚，残存视力的多少，直接关系到他们学习的内容、方法和效果。6岁后失明的盲童，脑中储存着不少视觉形象，教师的语言能勾起他们原有的视觉记忆。这同先天盲生不一样，所以选择的教学内容和教学材料也应不一样。

三、跨学科融合，与现代科技结合

内容开放性的一个重要方面是以教材内容为基础，尽可能沟通、融合相关学科内容的知识，使学生认识它们内在的联系，发挥各自学科的优势，能综合运用知识解决复杂的实际问题，提高解决实际问题的能力。

现代科技高速发展，教材内容总是相对滞后。教师应了解相关学科的前沿知识，及其和学生所学基础知识的内在联系，通过开放性内容的安排，引导学生了解最新的科技知识，激发他们学习的兴趣，提升他们的学科素养水平。

四、学生差异资源的利用

生长在不同环境下的学生有不同的生活体验和经验，他们自主学习的途径和方式也不完全一样，这本身就是重要的差异资源，可以给课堂带来丰富多彩的内容。程向阳认为学生差异资源具有潜在性、不确定性、丰富性等特性。潜在性指差异资源的存在形态、结构、功能和价值都具有潜在性。它不是现实的要素和条件，必须经过主体自觉能动地加以赋值、开发和利用，才能发挥作用和教育价值。不确定性指差异资源的概念内涵清楚，外延宽泛、不甚明晰。不同的主体对差异资源理解不尽相同。差异教学资源的不确定性增强，使教学的有效性引起人们的重视。教学的有效性直接关系到教学价值的实现。充分利用教学的不确定性带来的随机性和创新性，凸显了差异教学的生态资源观和教学智慧观。丰富性指差异资源的"客观状态"的构成形式和表现形态是千差万别、丰富多彩的，由此而引起的差异教学的形式也是多样性、多元化的。资源的丰富性特征构成了动态的、生成性的"生态环境"。教师设计开放可选择的学习内容，要充分利用学生的差异资源，并根据学生差异资源的特点，科学地进行开发利用。

差异教学案例

英语诗的赏析与创作

案例描述

本节课教授的是一首英文诗歌。本着把课堂还给学生的理念，教师设计了一系列丰富多彩的学生活动。

Task1：从扬州美得像一首诗入手，充分激发学生的学习兴趣，又与本课的内容自然地联系上，使学生对内容有一个大概的了解，并回答一些简单的问题。

Task2：带着学生一起探索赏析 *Winter* 这首诗歌。剩下的三首诗歌 *Spring*、

Summer 和 *Autumn*，由他们自己学着去赏析，并展示给全班。

Task3：寻找班级好声音。学生体会了诗歌的美之后，来到更加广阔的英文诗歌创作的舞台。此时学生的情感更加饱满，思维的闸门已经打开。

学生的创造力超出了教师的想象。学生在课前进行了素材的准备，他们不仅在很短的时间内创编了自己的诗歌，而且运用了意象、修辞和押韵等方式。学生围绕学习主题，分组自主学习，如独立阅读、伙伴助学、相互反馈、小组讨论、任务分工等。每组的学生都有了自己交流的舞台。学生依据不同的学习类型、认知风格、准备状态差异，自己选择喜欢并胜任的角色来参与教学，学习热情高涨。最后，学生在全班展示学习成果。不同风格的学生进行展示交流，相互影响，不仅以自己的优势学习，也能学习别人的优势。这样的舞台使所有学生都提高了眼界，扩大了积累。由于课堂容量大、节奏快，第二节课回班后，教师又把学生创编的诗歌细细地点评了一下。这个写英文诗的初体验，让学生内心的种子生根发芽。

（周峰　新东方扬州外国语学校　初一英语）

案例分析

本例从差异教学理念出发，设计开放可选择的学习内容与教学情境。学生全员参与，创作诗歌，各尽所能，通力合作，扩大了积累，发展了创新意识，使差异资源得到利用。当然，第二节课教师对学生创编诗歌点评也是很必要的，这提高了学生对诗歌的认识。

《声的利用》内容的选择与拓展

案例描述

教学目标：让学生了解声音在生产生活中的应用，了解声音可以传递信息、传递能量；增强学生使命感与责任感，有主动与他人合作的精神，敢于放弃和修整自己的错误观点。

学生对声音并不陌生，但他们没有仔细观察过声音在生活、生产中是如何应用的。教师提前一天预留作业，让学生通过查阅各种资料、上网搜索等，每人至少找到两三个有关声音应用的详细实例。

上课时，先让学生根据本节课的内容以及自己找到的资料在小组内讨论8分钟。小组成员互相交流、合作学习，把材料按内容分类，通过探究有效地完成本节课的目标。

小组1：我们小组通过上网搜索，了解到很多动物的生活习性离不开声音。①某些鼹鼠和地鼠常发出超声波，根据回声侦知对面的情况。与此类似的还有蝙蝠，一边飞一边发出超声波，根据回身的信息来确定目标的位置、距离以及是什么动物等。这两个事例也说明了声音可以传递信息。②科学家发现，有两种营巢于完全黑暗洞穴的鸟类，能凭借它们"唧唧"声的回声，探路至其栖息之所。这类穴居的鸟类，最大的是油鸟，由秘鲁东至委内瑞拉以至南美洲北部的圭那亚，均有它们的踪迹。

小组2：我们小组主要找的是声音在医学方面的应用。声音在医疗上的运用可归纳为检测和处理两大类，有超声诊断及超声治疗等。同时，又有对医用超声设备的研制和超声生物医学基础的研究。超声诊断主要是研究人体对超声的反作用规律，以了解人体内部情况。超声诊断的种类较多，常见的有：超声示波诊断法，即A超；二维超声显像诊断法，即B超；超声光点扫描法，即M超（它是B型超声中的一种特殊显示方法，常以此法探测心脏，即通称超声心动图）；超声频移诊断学，即D超（通称多普勒超声，利用多普勒效应，以不同彩色显示血流方向，即双功超声诊断系统）。

小组3：我们收集了一部分声音在生活、生产中应用的事例。①人们利用噪声制作了声呐，可以用它测量海底深度、鱼群位置等。②噪声除草：科学家发现，不同的植物对不同的噪声敏感程度不一样，人们依此制造出噪声除草器，通过发出的噪声使杂草的种子提前萌发，这样就可以在作物生长之前用药物除掉杂草。③利用噪声除尘：科研人员研制出除尘报警器，它能发出频率2000 Hz、声强为160 dB的噪声，这种装置可用于烟囱除尘，控制高温、高压、高腐蚀环境中的尘粒和大气污染。④工业上也利用声音的能量来清洗精密仪器。

小组4：我们小组说说声音在科技领域的应用。①噪声发电：科学家发现，当声波遇到屏障时，声能会转化为电能，根据这一原理，设计制造了鼓膜式声波接收器，将接收器与能够增大声能、集聚能量的共鸣器连接，发出电来。②利用噪声来制冷：目前研究人员正在开发一种新的制冷技术，即利用微弱的声振动来制冷的新技术，第一台样机已试制成功。

小组5：声音还可以用在军事领域。利用噪声还可以制服顽敌。目前已研制出一种"噪声弹"，能在爆炸间释放出大量噪声波，麻痹人的中枢神经系统，使人暂时昏迷，该弹可用于对付恐怖分子，特别是劫机犯等。

学生除了了解教材内容，还大量收集了教材之外的内容。例如，教材当中只提到了B超，学生还了解了M超、D超。教师以前都没有听说过噪声发电、噪声制冷的事例。教师也从学生身上学到知识了。

有人说兴趣是学生最好的老师，可以说兴趣也是学生学习的巨大推动力。教师在教学中要采取各种手段适时地培养学生对学习物理的兴趣。初中这个年龄的学生非常喜欢上网。教师可以利用网络这个大资源，让学生去收集与教学内容有关的知识，这样既满足学生的兴趣爱好，也使他们学到物理知识。

（李明　天津市滨海新区第五中学　八年级物理）

案例分析

本例主要由学生之间相互学习交流，其效果超出教师的预期。学生利用网络，自主地、开放地了解声音在各领域的应用，融合各学科知识，丰富了课堂。学生合作交流又进一步促进了学生深度学习。当然教师还需要恰当点评，画龙点睛。

赏析流行歌曲，品评古典诗词

案例描述

一、收集

化用古典诗词的流行歌曲共有六类。第一类是直接把古典诗词谱上曲，如

《诗经》中的《蒹葭》(歌名改为《在水一方》)，李煜的《虞美人·春花秋月何时了》，苏轼的《水调歌头·明月几时有》，李清照的《一剪梅·红藕香残玉簟秋》(歌名改为《月满西楼》)，岳飞的《满江红·怒发冲冠》，杨慎的《临江仙·滚滚长江东逝水》等。第二类是化用古典诗词的意境入曲，如《东风破》化用了陆游的《钗头凤》，《白云生处》化用了杜牧的《山行》，《巴山夜雨》化用了李商隐的《夜雨寄北》，《涛声依旧》化用了张继的《枫桥夜泊》等。第三类是使用唐诗宋词的标题或名句来作为歌名，如《人面桃花》出自崔护的《题都城南庄》，《声声慢》出自李清照的《声声慢》，《烽火扬州路》出自辛弃疾的《永遇乐·京口北固亭怀古》，《庭院深深》出自欧阳修的《蝶恋花》等。第四类是借用一些古典诗词中的典故或内容，将其展开或以其为思路加以演绎，继而展现一段现代的故事情感，如《却上心头》出自李清照的《一剪梅》。第五类是运用古诗词典故或名句，营造一种氛围，表现一种气魄，表达一种社会责任和民族情怀，如《中华民谣》。第六类是借用古诗词里常用到的比兴手法，如《上海滩》主题曲。

这些歌曲可由学生收集整理。按朝代分为若干小组，每组把收集到的歌曲录下歌词，注明诗词题目或词牌；歌名与诗词题目不同的要对照写出；如果是化用，则同时录下原诗词和化用后的歌词。然后教师汇集打印，发给学生。

二、欣赏

欣赏要充分活动化，尽量成为学生的体验过程，不必拘泥于词句意义的解释。此环节分三个步骤：唱、赏、再唱。

1.唱。选择其中若干首歌曲，在唱中体味。如果歌曲为大多数学生熟悉，则可采用合唱或小组唱的形式。如果不为学生熟悉，可由文娱委员或能唱的同学教唱。尽量不用音像手段，让学生更多地主动参与。如果使用音像，也要为提高活动效果而用，不能让丰富的音像使学生陶醉。

2.赏。这是关键一步，也是难度较大的一步。在唱的过程中学生可能会更关注曲调，而赏则让学生的注意力关注到古诗词美的语言。教师应当指导学生完成欣赏过程，这是从唱中体味的深化。指导内容主要是让学生查阅有关资料，包括歌词的背景和诗词的鉴赏文章，可以分组进行，然后每组推选出一至两个代表在课堂上交流。

3. 再唱。在第二步完成的基础上再唱，将会有更深刻的感受，更能体会到这些诗词的语言所浸润的浓厚情感。

三、点评

如果撰写整篇的欣赏文章，学生会感到难度较大，用点评的方式学生更易于把握。点评可从三方面进行。一是歌唱点评。歌唱的曲调是否良好地传达了原诗词的意境。如评李清照的《月满西楼》（红藕香残玉簟秋），该曲与词可谓珠联璧合，相得益彰，再加上邓丽君内敛、婉约、清丽的唱腔，使其成为足以传诵的精品。二是背景点评。如评李清照，国破家亡，内心怎不凄切？三是歌词鉴赏，可从整个歌词的情感基调、意象意境、形象、语言和表达技巧等方面鉴赏。有的学生只能粗略地把握整首歌的基调；有的学生能通过歌词再现人物的形象；有的学生不但能通过歌词再现形象，还能从中妙悟到另一种情境；有的学生能够鉴赏歌词的形象、语言和表达技巧，并能通过流畅的语言表述出来。

可以把学生点评筛选汇总，印发给学生交流。可以选择优秀的点评推荐给校文学社或校外有关刊物发表，也可上传学校网页供其他同学学习欣赏。要让每位学生都能享受到成功的快乐。

对于流行歌曲歌词的文化底蕴，认同者少，批评者多。例如，有的歌词缺乏意境，平淡无奇，给人感觉像在喝白开水；有的歌词空洞、油滑、直白、"缺钙"，让听众听了味同嚼蜡；有的歌词不知所云，不伦不类，文理不通；有的歌词混乱杂糅，像洗碗水；有的歌词单调乏力、矫揉造作、无病呻吟……然而也有一些流行歌曲，尤其是那些化用古典诗词的流行歌曲，经过时间的考验、积淀，具备深厚的文化意蕴，颇具文化张力，对于传承、发展优秀文化，培养语文素养，具有相当的作用。"今天的流行歌曲，或许就是明天的诗。"以此审视，流行歌曲自有超越通俗文化的意义与价值。

（沈建忠　江苏省苏州市震泽中学　高一语文）

案例分析

本例中的活动体现了综合实践活动的特点，从赏析流行歌曲到品评古典诗词，不仅照顾了学生学习的差异，使学生的差异成为一种课堂资源，而且使学习内容更贴近学生的生活实际，符合学生情感的特点。分析流行歌曲中的文化底蕴，提高审美情趣，从而促进学生语文素养的提高。

第二节　整合教学内容，促进每个学生深度学习

差异教学要求教学内容处于每个学生的最近发展区，对每个学生都构成挑战，促进每个学生在原有学习的基础上走向深度学习。

一、深度学习的内涵

深度学习是指对课程知识的深度理解，以及在真实问题情境中灵活应用知识的能力。深度学习是相对于仅靠记忆的接受性学习和非批判的浅层次学习提出的。深度也是一个不同水平的连续体。

学生的学习水平不一，有浅层学习，有深度学习。为了提高教学质量，促进学生发展，教学要促进每个学生深度学习。学生对学习内容的理解程度是有差异的，而只有深入理解学习内容，才能深度学习，促进思维能力的发展。教师要引导学生特别是学习肤浅的学生深度加工知识。

二、整合内容，突破关键，满足不同学生需要

为了促进学生深度学习，教师要对课程内容深度整合。

1.沟通知识内在联系，促进良好认知结构形成。

教学要主动跨界，跨单元组合、跨学科组合，将那些有联系的、意义、性质一致的内容与方法整合起来，从而促进学生深度理解和转化。

通过单元备课，教师围绕一定主题将知识点串成线、线铺成面，形成内在联系的逻辑结构，促进知识意义性链接、顺序性迁移，不能只是拼盘式整合。

调整后的教学内容应更有利于学生建构知识。例如，北京市一位中学教师在教学中注意帮助学生把个别离散的知识构成浑然一体的系统，如平面几何教材中"角相等定义""平角定义""对顶角相等""两直线平行则同位角相等、内错角相等、同旁内角互补"，都包括在定理"如果一个角的两边分别平行于另一个角的两边，那么这两个角相等或者互补"中，构成一个系统。中学生掌握了它们之间的内在联系，便能触类旁通。

2. 深刻理解知识背后的思想方法。

"以善先人者谓之教。"教师自己首先要深刻理解教学内容，把握所教知识点的本质、相关联系及其蕴含的思想方法。例如，教学数字 1、2、3，就要用集合的思想指导；教学圆的面积公式，就要用量变引起质变、极限的思想来指导。教师还要善于画龙点睛，将所学知识与当代科学文化的发展相结合。例如，教学万有引力知识可以和航天科技的有关理论技术发展相结合。教师还要将所教学科内容与其他学科内容整合，如地理环境知识与理、化、生及社会人文知识的结合，体现生态思想等。

3. 启迪思维，突破教学关键。

教学关键影响整节课的效果。设计开放的教学内容要收放有度，保证关键内容的掌握。通常教师考虑关键点是从知识本身的逻辑考虑，将那些基础性强、迁移性强的知识技能作为关键点，使学生通过关键点的掌握，纲举目张，带动知识系统掌握。这比平均分配时间和精力更有效果，对于学生在学习中形成良好的认知结构非常重要。教学关键点也是认知结构中的连接点。没有联系的知识不能被激活，而联系减弱的知识不容易被激活。这些知识就属于学生没有掌握的知识。因此，教师在教学中应特别注意帮助学生沟通知识的内在联系，并且削枝强干，保证关键知识掌握。

教学关键点的突破最主要的是从学生实际出发，了解每个学生是怎样学习的及学习起点的位置，了解学生是怎样思考的，靠船下篙，因人施教。教师要帮助学生创设教学的情境。知识的情境性体现在知识与自然、社会、生活的互动过程中。教师让教学回归真实的情境，并引导学生与情境的积极互动。这种从个体立场出发的真实体验，有助于学生理解知识与经验所蕴含的情境意蕴，实现知识的情境式理解。教师要引导学生深度学习，特别是围绕单元学习的重点内容、关键内容深度学习，使学生能有选择地吸收新知，并能建立与已有知识的联系，批判性地思考，创造性地解决问题。教师应指导学习效果欠佳的学生采用深度学习的方式方法，从肤浅学习迈向深度学习，对学习信息整合与处理，主动建构所学知识，善于分析思考，提高学习的理解水平和综合运用知识解决问题的能力。教师引导学生围绕关键知识，质疑问难，比较、分析、归纳、概括，提升学习层次，运用变式、举一反三、一题多解、多解归一、多题归一等策略，掌握知识本质并灵活运用。

4. 师生、生生互动合作，深度理解学习内容。

在每个学生独立思考的基础上，师生、生生交流互动，合作学习，互相启发、补充，思维相互搭载，教学相长。特别是一些优秀学生的奇思妙想会带动大家走向深度学习。这也符合维果茨基的最近发展区理论中的第二个潜在发展水平。例如，北京市一位小学教师教学《第一朵杏花》，课上让学生欣赏美句"春风吹绿了柳梢，吹绿了小草，吹皱了河水，吹鼓了杏树的花苞"。一位学生提出"吹绿了小草"中的"绿"字用错了。教师对学生笑问"错在哪儿？"，学生说"和第一个绿重复，用'醒'好"。教师让全班学生分组讨论这个问题，形成三种见解：（1）用"醒"好，既避免重复，又把小草写活了，用"绿"明显模仿"春风又绿江南岸"；（2）用"绿"好，因课文不是写初春，杏花已开，小草早睡醒，现在变绿了；（3）用"醒"好，但改变句序"春风吹皱了河水，吹醒了小草，吹绿了柳梢，吹鼓了杏树的花苞"，用"皱—醒—绿—鼓"不但写出春天景物特征，还可展现出时间推移变化。这样的交流讨论不仅使每个学生对语言理解更深入，而且有利于提高学生的探究素养。

5. 从不同学生的需要出发。

要针对不同学生的需要调整学习内容。教材都是按照学生的一般认知规律，由浅入深、由易到难编排的，如果不能把握教材主线，在调整教学内容时，删去了一些主要内容，就会给后续学习带来困难。例如，数学中整数运算删减过多，分数、小数运算就难以学习。在整数运算教学中，即使有些学生对有些内容存在困难，教师也要通过辅导帮助使其掌握。当然，对他们的要求可低一些，可删去思考性强、数字大的题目。

调整教学内容，也要考虑到不同学生的可接受程度。对于那些智力超常的学生，需要补充一些探索性、思考性强的内容。而一些轻度智力落后的学生，对一般学习内容也会感到困难。在语文教学中过于冷僻的字，可不要求他们记忆；需要反复揣摩、含义深刻的句子，不要求他们理解，只要会读，一般了解即可。对于智力水平稍低的学生一般不降低教学要求，但要为他们提供学习支架。例如，一位四川省成都市的教师教学贾平凹先生的《一棵小桃树》，为了让学生能独立完成任务"小桃树是如何面对备受磨难的命运的"，就提示语言评析的策略：可以推敲词语，包括动词、形容词；可以评析句式，如长短句、无主句；可以品味修辞，如比喻、拟人；还可以赏析标点、节奏等，给困难学生以支持。教学内容的调整要适度，既要通过调整适应不同学生的要求，又要差距适度，能在同一课堂教学。

调整教学内容，还要考虑内容的实用性，考虑社会对教育的需求。那些学习困难的学生，接受义务教育后，将要走上社会。他们学习的知识技能对他们将来自立于社会应当是有用的。我们不仅要保留教材中有实际应用价值的知识，而且可以适当补充一些与当地生产、生活实际密切联系的知识技能。例如，数学课中教会他们认识货币、学会计算；语文课中教会他们写信、写应用文，以及与工农业生产、生活实际有关的字、词、句等。

差异教学案例

赏经典：品味音画交融

案例描述

一、教学内容：《音乐与视觉艺术》

二、年级：高一

三、学习目标

1. 欣赏音画交融经典作品《图画展览会》部分曲目，主动参与实践活动，提高音乐审美能力。

2. 小组合作聆听、绘画、表演等，知道音乐与视觉艺术（绘画）之间的联系，培养自主探究能力和团队合作意识。

3.探究音乐与视觉艺术（绘画）融合，两者在表现情绪、刻画音乐形象中的通感，理解作品的情感与意义。

四、教学重难点

1.教学重点：欣赏探究《图画展览会》部分曲目，学会交响音画欣赏方法。

2.教学难点：丰富多样活动任务的有效实施，达到对两种艺术交融的价值和意义的理解。

五、学习过程

（一）激趣视频，唤起记忆，自然导入

播放衔接视频：康定斯基听音作画现场及《图画展览会》作品片段录像剪辑。

（二）分享朋友圈，互动交流，触发探究

1.分享"我的朋友圈"。

2.小组合作探究。

3.分享交流。

设计意图：尊重学生，给学生选择权。从学生熟悉的"朋友圈"引入本课主人公及主要内容，激发学生兴趣，调动探究主动性。让学生自己提出想要知道什么？对什么感兴趣？围绕解决疑问，引出关键问题的系列实践活动。

（三）画作补缺，双线串接，多样探讨

1.出示课题。

2.作品初欣赏。

3.引导总结。

【标题性交响音乐欣赏方法1：找到主题线索】

设计意图：三位艺术大师的作品的接力，引出本课主题，在漫步主题中欣赏画展，营造观展的氛围。同时，巧妙穿插教学内线"交响音画的欣赏方法"。

①《牛车》欣赏。

A.初听主题，感受音乐的情绪色彩、旋律形态。

B.再听音乐，选择合适的作画工具创作。

C.学生画作交流。

D. 合作总结。

【标题性交响音乐欣赏方法2：了解作品背景】

设计意图：采用差异教学，让学生选用自己喜欢的表现方式绘画。运用艺术的"通感效应"，激活学生的思维与想象。

②《两个犹太人》欣赏。

A. 聆听音乐片段，描述人物形象。

B. 展示画面，欣赏音乐，自选难度填表，完成音乐要素分析。（表格附后）

C. 出示两个主题乐谱，深入分析对比。

D. 后半段欣赏，想象与表演。

【标题性交响音乐欣赏方法3：通过音乐要素理解音乐形象】

设计意图：不同答题难度的选择，给学生可触的标高和同伴合作的方式，满足生生互动，培养同伴合作能力。

③《基辅大门》欣赏。

A. 出示图片，创造音乐实践尝试。

B. 引出作曲家的创作，听辨两个主题，感受想象，理解音乐。

【欣赏标题性交响音乐方法4：展开丰富想象】

设计意图：学以致用，尝试通过音乐要素来表现画面。理解欣赏标题交响乐展开丰富想象的方法，激发学生对标题性交响音乐的兴趣。

（四）引导总结，听辨抢答，拓展实践

1. 引导学生总结交响音画及欣赏方法。

2. 学生抢答测试。

设计意图：引导学生自行归纳总结本课所学关于"交响音画含义及欣赏方法"及听辨抢答活动，发展学生音乐审美能力、实际应用能力，提高核心素养。

（五）总结升华，巧妙衔接，自然铺垫

音乐与绘画，在内容上可以融会贯通，在形式上可以相互借鉴，在情感上可以相互融通。当音乐走进画面，当色彩融入音符，学生将在艺术的海洋里荡漾，在激荡中泛起智慧的浪花。

衔接任务：

> 学习任务卡
> 1. 扬州瘦西湖经典景点有哪些？请利用假期夜游瘦西湖，感受不一样的瘦西湖。
> 2. 你最喜欢哪个景点？请了解它的历史文化。

（沈秀梅　新东方扬州外国语学校　高一音乐）

案例分析

该例中教师立足音乐学科，从内容、形式、情感等方面将音乐与绘画融合，促进学生深度理解，提高学生的审美情感。教师运用多种教学方法手段，使学生参与其里，乐在其中。

《线与角》的复习

案例描述

教学目标	1. 构建知识网络，完善知识结构，进一步理解和掌握"线与角"单元的相关知识，逐步学会整理与复习的方法。 2. 巩固运用所学知识，加深对基础知识和基本技能的理解，能解决实际问题，发展解决问题的能力，渗透分析、比较、辨析等思想方法。 3. 主动回顾自己的学习足迹，感受克服困难、尝试探索和获得成功的乐趣。
重点难点	运用所学知识解决实际问题，加深对基础知识和基本技能的理解，发展解决问题的能力，渗透分析、比较、辨析等思想方法。
学情分析	知识基础： 学生初步认识了正方形、长方形、三角形、圆等平面图形，直观认识了直角、锐角、钝角，具有一定的生活经验，这为深入、系统地学习线和角的知识奠定了基础。 活动经验： 学生有一定的探究平面图形特征的活动经验，有一定的分析能力、动手操作能

续表

| 学情分析 | 力,在线的认识与角的度量过程中初步形成了空间观念和量感,有一定的自主梳理、归纳总结能力。 |

教学过程

教师活动	学生活动	设计意图
一、自学探异 在第二单元,我们学习了线与角。今天我们来上一节线与角的整理与复习课。 板书:线与角;整理与复习。 二、领学扬异 (一)小组活动 1.课前同学们已经对这部分内容进行了梳理,接下来在小组内分享一下我们的梳理成果。 2.谁来读一读小组合作学习要求? 合作要求: (1)读一读,回顾学习单上的内容。 (2)说一说,选择自己最喜欢的一部分,说说你梳理了哪些内容。 (3)写一写,在交流过程中适当地修改与补充。 (二)全班汇报 老师选择了一名同学的学习单,谁看懂了他是怎么梳理这一个单元的学习内容的? 学生汇报,教师板书:认识,位置关系,旋转与角,角的度量。 线的认识: 1.这是谁的?他们说的对吗?请你详细地说一说在线的认识这部分你梳理出了哪些知识?射线、线段都是直线的一部分。大家说出了三种线的区别,那么它们有联系吗? 2.线的认识这部分知识大家已经梳理得很全面了,除了梳理知识,有些同学的梳理方法特别值得大家借鉴。他是怎么梳理知识的,你看懂了吗? 预设:表格(学生作品)。	学生回顾学习经验。 指名读合作学习要求。 小组合作交流: 读一读。 说一说。 写一写。 学生汇报: (1)名称、读法、测量、延伸、端点。 (学生汇报,教师板书:直线、射线、线段) (2)射线和线段都是直线的一部分。 (3)过一点可以画无数条直线,过两点画一条直线。 观察新的整理与复习方法。	课前学生独立完成知识梳理的过程,能独立思考,主动搜索教材和头脑中的知识,亲历知识梳理、自主建构的过程,对本单元知识体系有了从点到面的系统认识。 从线的认识入手,学生汇报交流三种线的相关知识以及相互关系。展台呈现学生的作品。教师出示图文、表格、框图的整理方式,将梳理方法优化。这样做能帮助学生把零散的知识串成串、织成网,对线的认识形成一个整体的知识脉络。

续表

教学过程

教师活动	学生活动	设计意图
3. 用表格梳理知识的优点大家看出来了吗？ 小结：是啊，表格通过对比，能让知识的呈现更清晰直观。 **三、精学展异** 位置关系： 1. 线的认识这部分内容我们已经梳理清楚了，接下来我们来看位置关系这部分内容。谁看出她用了什么方法？梳理了哪些内容？ 板书：平行、相交、垂直。 同一平面内两条直线要么平行，要么相交，垂直是相交的特殊形式。相交、平行、垂直三者间是什么关系？ 2. 我找到了同学们的这几种梳理方式，哪种方法更能准确地表达出它们三者的关系？ 角的分类： 1. 同一平面内两条直线运动，形成了不同的位置关系。当射线旋转就形成了角，关于角，我们学习了哪些知识？ （板书：锐角……） （1）根据角的特点分类识记，确实帮我们整理知识时做到全面又不重复。 （2）周角与平角、直角有什么联系？ 2. 课前，有同学在学习单上提出了这样的问题（学生作品中的提问）……有人能回答这个问题吗？关于优角老师找到了一个小链接，谁来读一读。 小结：看来关于角，还有很多知识等待大家去探索，在今后的学习中我们还会继续去学习和发现。	学生汇报。 在同一平面内永不相交的两条直线互相平行；当两条直线相交成直角时，这两条直线就互相垂直。 学生观察汇报。 学生汇报：锐角、直角、钝角、平角、周角。 1周角=2平角=4直角 看一看，想一想，读一读。	选取典型的、有特点的作品让学生上台展示，交流分享自己梳理的内容。鼓励其他学生进一步对自己梳理的内容进行补充、质疑或解释，实现知识的交流与共享。教师适时给予适当的启发和补充，并作出适当的点评。 教师带领学生自发探讨思维导图的构成方式，必要的时候也要进行示范，将自己的思维路线展现出来，启发学生思考。当各个分支内容逐渐丰富之后，教师引导、鼓励学生发现各知识点之间的联系，建立知识点之间的链接，逐步培养学生的逻辑思维。

续表

教 学 过 程

教师活动	学生活动	设计意图
角的度量： 1.关于角的度量我们学到了什么？ （1）量角。你学会了量角，说一说你是怎么量的？ 老师跟大家分享个小口诀，可以帮助大家记忆：点点重合、线边重合、准确读数。 （2）画角。关于画角还有补充吗？ 2.测量经验。 关于测量我们是有经验的。我们曾经测量过线的长度，测量标准是单位线段的长度，测量单位是厘米、分米；测量过面的大小，标准是单位面积的大小。角的度量标准是一度，测量单位是度。不难发现测量长度时就是看这里有多少个长度单位。测量面积时，看这里有多少个面积单位，度量角的大小时就是看这里有多少个一度角。看来无论测量长度、面积还是角都是基本单位的累加。 求长度，我们用长度单位来测量，就是长度单位的累加；我们求面积，其实就是面积单位的累加；本单元我们学习的角的度量，就是角的度量单位的累加。以此类推，将来我们要学习的体积，它就是体积单位的累加。	看一看，想一想，回顾学习经验。	通过知识之间的纵向联系提示，寻找角的度量与已有知识经验的连接点，让学生明确度量的本质是基本单位的累加，从而帮助学生理解量角器形成原理以及掌握度量方法，最终实现学生认知结构的进一步建立。

四、拓学赏异

（一）整体感知整理、复习知识、方法间的联系

续表

教学过程		
教师活动	学生活动	设计意图
1. 大家看，线与角这一单元知识点其实是很多的，怎样把这些知识点串成串，形成知识网，清晰地呈现出来呢？老师画了导图，这是××同学的学习单。她的学习单知识特别全面，看看她是怎么梳理的？ 2. ××同学的学习单将所学内容罗列得特别清晰，她是怎么梳理的？ 3. 这是老师的学习单，大家看懂这种梳理方式了吗？ 4. 同学们可以参考以上这些方法，进一步完善自己的学习单。计时1分钟。 小结：同学们会用导图、框图、表格、图文结合等方式来整理知识。以后同学们根据单元学习内容的特点，可以选择合适的方法梳理知识。 （二）几何元素间建立联系 看黑板：在这个单元，我们学习了线的认识，认识了直线、射线和线段。然后我们又学习了位置关系，线的位置关系其实是针对直线来说的；又学习了旋转与角，角是由射线旋转而成的。其实线段也有它的用处。如我们以前学习的长方形、正方形等，这些多边形都是由线段围成的；面再旋转就形成了长方体、正方体、圆柱等立体图形。在图形的世界里，还蕴藏着无数奇妙的数学知识，以后我们继续探索与研究。 五、全课总结 1. 谈收获（从知识、方法、情感等多方面谈）。 2. 结束语：在未来的生活中，老师希望同学们像直线一样无拘无束，自由自在。在遇到困难的时候，老师希望同学们像射线一样	看一看，学生汇报。分成4个大块，把自己觉得重要的知识有序地呈现。 学生用了表格、框图、图文结合的方法。 用不同的方法把重点难点、易错点一一有序归纳整理。 学生补充完善学习单。 观看视频，感受几何元素间的联系。	从角的度量看，学生经历"非标准单位"到标准单位"度"的认识过程，积累度量的经验，为进一步学习面积单位、体积单位奠定坚实的基础。本单元的教材对图形的学习起着承上启下的重要作用，为学生后续学习打下坚实基础。 线段、直线、射线、相交与垂直的概念都是从实物、生活情境中抽象出来的，应培养学生的抽象思维和应用意识；结合旋转的操作活动，认识平角和周角，了解周角、平角、钝角、直角、锐角之间的大小关系，经历分析比较归纳的过程，发展推理能力；用字母表示出直线、射线、线段，渗透符号意识；在学习认识平

续表

教学过程

教师活动	学生活动	设计意图
勇往直前。在做事的时候,老师希望同学们像线段一样有始有终。	学生谈收获。	行线后,再安排活动如测量门框是否垂直、画框是否挂正,以增强学生数学应用意识。

（杨淼　沈阳市浑南区第一小学　四年级数学）

案例分析

该例中教师通过"领学扬异"发挥优秀生的示范作用,使每个学生学会用导图、框图、表格、图文结合等方式来整理知识,把握线与角、点、线、面的内在联系,提升了学习的质量,掌握了复习的方法。教师还可以布置一些弹性的综合性作业,让学生在系统复习的基础上,进一步巩固知识,并提高解决问题的能力。

《平面与平面垂直的判定》变式练习

案例描述

一、创设不同深度的问题情境

开展差异教学时,教师要有提问的艺术,也就是为解决一个问题可以从不同的侧面、不同的深度进行提问,让全体学生从不同层次参与到思考、探究的过程之中。例如,"面面垂直的判定定理"的探究过程中,教师用转动门的试验让学生观察门面与地面始终保持垂直的原因。对此,学困生需要思考的时间,而优秀生会认为很简单。教师在演示后可提出两个问题。问题1:根据演示,你有何结论?请用几何语言描述。问题2:你如何用几何语言证明这一道理?这两个问题是为了总结定理的结论,是解决同一问题的两个层次。本来问题1就可以满足课标的要求,那问题2就体现了差异教学对不同学生提出的不同要求。再如,解释建筑工人用铅锤验证墙面是否与地面垂直道理时,教师也提出两个问题:1.运用定理解释这一现象;2.将题设和结论用几何语言描述并加以证明。数学能力不强的学生解决了问题1,实际上也就掌握了定理的应用;数学能力强的学生会有更高的学习需求,那就用问题2加以训练。采用这样的问题式教学,确实收到了良好的效果,体现了因材施教的教学原则。

二、变式训练、巩固提高

巩固练习是教学中的重要环节之一。教学中若只讲课本例题,大部分人会有"吃不饱"的现象;若直接加入难题,又有一部分人不知所措,有时还会失去学好数学的信心。针对这一现象,教学中教师立足教材例题,抓住重点的同时进行变式训练,由浅入深,为学生提供差异发展的舞台,使学困生巩固基础、中等生开阔思路、优秀生创新思维。具体做法是以教材例3为基础进行变式训练。

如右图所示,AB 是 $\odot O$ 的直径,PA 垂直于 $\odot O$ 所在的平面,C 是圆周上不同于 A、B 的任意一点,求证:平面 PAC ⊥ 平面 PBC。

变式1:图中还有哪些平面互相垂直?

变式2:增加条件 $\dfrac{PE}{PC}=\dfrac{PF}{PB}$,求证:平面 AEF ⊥ 平面 PAC。

变式3:增加条件:在 AB 上取一点 D,且 $AD=1$,$BD=3$,$AC=2$,求证:平面 PCD ⊥ 平面 PAB。

变式4:如何在 PC 上找一点 D,使得平面 ABD ⊥ 平面 PBC。

变式5:若点 Q 由点 A 运动到点 P 时,平面 QAC 和平面 QCB 所成的二面角(   )。

A. 变得越来越小

B. 变得越来越大

C. 不变

D. 在变,但总是锐角

原题考查学生对定理的理解和应用能力。变式训练中，变式1需要注意观察；变式2增加了一个简单的条件，容易证明，这些都是基础，面向全体学生；变式3要给学生时间，尤其是学困生，要让他们的思维活跃，回答问题时可让学困生和中等生结合补充；变式4考查学生的逆向思维能力，要求提高了；变式5很灵活，学生要动静结合进行分析才能作答。经过几个变式训练后，学生在原有基础上有了不同程度的提高。

数学课堂是智慧的课堂。教师要千方百计地为全体学生思维能力的发展搭设平台。面对学生的智力和原有知识水平存在明显差异的现实，数学教师要有针对性、有方法地开展差异教学。当差异教学走进我们的每一堂课时，我们的课堂必将对全体学生每时每刻都会产生意义，必将提高课堂的效率，必将成为促进学生乐学、进取的重要财富。

（刘勇　天津市滨海新区第一中学　高二数学）

案例分析

该例针对不同水平的学生，制定思维要求不同的教学目标，并通过"做中学"、合作中学，提出难度不同的系列问题，以及"变式梯度练习"等引导学生步步深入学习地，既照顾了学生的差异，又促进了学生深度学习。当然，如果教学前了解学生认知准备水平的差异，并给困难学生铺垫，效果可能更好。

第三节　教学内容的差异性安排

教学内容的差异性安排可围绕这几方面进行，即内容的数量和范围，内容的深度和难度，教学顺序和进度，以及作业安排等。

一、内容的数量和范围

影响教学内容的因素，有课程标准、教材、教学目标、教师个人倾向、学生智能水平、教学时间等，其中非常重要的一个因素是学生智能水平。在全班的课堂里，特别是当一个班不按能力分组上课时，就会出现许多学生吃不了而又有许多学生吃不饱的现象。盖茨和拉塞尔曾对6岁儿童做过不同词汇量阅读材料的试验，以研究内容及范围的有效限度。他们发现，较好的学生能从与中等词汇量或大量词汇的接触中学到较多的东西，而中下等的学生，则能从与少量词汇的接触中学到较多的东西。我们在教学中也不难发现，在同样学习时间内学生学习内容的数量和范围往往有较大的差异。因此，教师应根据不同学生的智能水平，按照他们的不同学习目标，选择适合他们学习的内容的量和范围，并保证每个学生自主学习、独立思考、不断内化的时间。内容的量和范围可用概念、词汇、定理、法则等的多少、种类等来表示，也可用教材的内容量（如页数）来反映。

二、内容的深度和难度

内容的深度、难度，与内容反映的是描述性知识还是程序性知识有关，还与知识的认知层次、内容的直观抽象程度有关。深和难的内容要求学生努力克服困难才能学好，特别要求学生有一定的学习技巧、解题技巧。内容的深度、难度自然也与学生的智能水平及准备程度有关。同样的教学内容，不同学生掌握的程度可在57%～98%，准备得差或智能差些的学生，往往掌握得较少。深度和难度也与教学的速度有关。贝格尔研究发现，初中数学较差的学生，用两年的时间能学完成绩较好学生一年内学会的东西。也就是说，只要给他们足够的时间，他们也能学好有关内容。教师可以设计递进式主题或内容，供不同学生根据自己水平选择。要激励学生完成挑战性学习任务，以自身素养的发展为参照，在学习内容上力求更多、更深、更快，提高自己的学习成效。

教学内容的深度、难度还和教师在教学中能否化难为易、深入浅出有关。

教师在教学中要为学习有困难的学生多提供直观材料,直观形象材料不仅有利于学生掌握抽象知识,也有利于学生形成丰富的表象,有利于学生形象思维从低级向高级发展。教师应给学生提供生动的形象信息,让学生借助图画、投影等材料去联想和想象。对于学习困难的学生,教师要帮助他们分解内容的难点,降低解题技巧的要求,从技巧教学转到实践教学上来,提供给他们实践的内容和机会,让学生多动手多实践。在教学中要注重知识的发生过程,帮助学生搞清知识的来龙去脉,并注意指导他们掌握必要的元认知内容,学会学习的方法。

三、教学顺序和进度

确定教学的顺序和进度,是课堂教学的重要决策。学习内容的范围和深度在很大程度上也决定于教学的顺序和进度。教学顺序指的是教学系列活动中各项活动应具有的关系,而确定进度就是决定一系列教学活动进行的速度。教学的顺序和进度,反映了教师处理课堂教学内容与掌握程度间的矛盾的方法。教师有许多内容要讲,也希望学生在课堂上能学到尽可能多的东西,如果教师讲得太多太快,有些学生便掌握不好,但如果为使全体学生都能掌握教学内容,讲得过分详细,放慢教学的进度,就可能牺牲教学内容的广度、深度了。

教学的顺序,可理解为按照不同教学方法编制的活动顺序,也可指按照教学内容编排的顺序。一般从知识的逻辑顺序和学生学习心理的顺序来决定教学内容的顺序。知识概念间有一定的逻辑顺序。如果把概念定为学习的目标,每个目标能分解成一些子目标,每个子目标都取决于前面一些子目标的学习,从而形成目标层次,实现这些子目标的教学步骤就成为教学的顺序。不同的知识概念、不同的教学内容排列原则,就会出现不同的教学活动顺序。有一种观点认为,事理的发现就是从许多事例中概括出一般结论。根据这种观点,教学活动的顺序是首先举出若干事例,然后让学生从中概括。例如,让学生自己验算"$5×3=3×5,25×4=4×25,135×8=8×135$",在这基础上概括出"$a·b=b·a$"。另外一种观点认为,事理的发现就是验证假设的过程。根据这种观点,教学活动的顺序首先应提出假设,然后收集证据。例如,先解释伽利略是怎样得出真空中自由落体的加速度是一个常数的假说的,然后让学生收集各种资料证明，只要没有空气的阻力，任何自由落体下落的物体的加速度是9.8米/秒。

确定教学顺序还要从学生的学习特点和需要出发。教材结构的组织一般有两种方式，一种为随意顺序教材结构，另一种为顺序教材结构。前者运用于高才能及好发问的学生，后者较适宜低才能及不好发问的学生。为了能在教学内容的编排中照顾学生差异，笔者建议，教师可根据知识概念间的内在联系，从本班学生认知水平出发，按照一般的内容排列原则，将有关知识概念按先后次序进行线性排列，同时考虑到一些特殊教育需要，再进行一些分支的排列。

教学进度的确定，一般要明确三个问题：谁决定进度，为谁决定进度，决定进度的依据是什么。中小学教学中一般还是由教师决定教学进度。布鲁姆采用控制学习方法，认为它使整个班级进度一致，而教师在个别学生身上所花的时间则有长有短，当教师在教学中感到有足够数量的学生达到预定标准后，教学便进入下一个单元。基础单元课，教师希望所有学生都能掌握学习内容，一般进度可慢些。确定教学进度时应采用什么来参照成绩呢？如果是确定全班的教学进度，最好参照以前的班级学生成绩；如果确定个别学生的教学进度，而学习课程中某单元为掌握下一单元的必要条件，则可采用绝对的学习标准。为使个人学习进度和班级学习进度基本一致，一方面可通过加强辅导，提高后进生的学习基础和学习速度；另一方面在保证那些基础的重要的学习内容达到一定的学习标准后，其他学习内容可适当降低标准。

四、内容调整安排步骤

调整教学内容时，一般按以下步骤进行。

1. 认真研究教材的内容及逻辑顺序。
2. 根据班上有不同教育需要学生的情况，为他们制定系列的不同水平的目标。
3. 根据设定的目标对教材内容做相应调整。调整时要考虑学生的共性和差异，既要满足不同学生需要，又要能在同一个课堂学习。调整时先宏观后微观，重点是单元教学内容。具体做法有删、补、改、排。删，就是删去一些非重点的、和其他单元知识联系不紧密的，而对于有些学生来说又特别困难的学习内容。补，就是补充一些实用的或对学习困难的学生来说较直观具体的内容，或对学有余力的学生来说的发展性的、探索性的内容，或现代科技、社会发展所需要补充学习的内容。改，就是对内容的分量、难度、顺序、进度等方面做些调整。排，就是将调整后的内容按照一定的逻辑顺序和学生已有的知识经验排列起来，有全班教学内容的排列和个别学生分支的排列。

4.根据调整的内容提供必要的辅助材料和工具。例如，给学生提供自学提纲和解答提纲；提供习题的类型和过去学生解过的相类似的习题；给听障学生提供板书内容、图片或在文字上注音；给学习困难的学生提供直观材料、视听媒体；给超常学生提供补充读物、工具书；给盲生提供可触摸的实物盲文课本等。

教师调整和组织教学内容是为了满足不同学生学习和发展的需要，因此一定要给学生自主选择学习内容的机会，并指导学生选择对自己有挑战性的学习内容。

差异教学案例

《伏尔塔瓦河》音乐欣赏

案例描述

伏尔塔瓦河是捷克境内一条美丽的河流。乐曲以写实的手法，再现了伏尔塔瓦河的全貌：从两条发源于波西米亚密林深处的源头溪流写起，一条水温而湍急，一条水凉而平静，两条汇合后，首先流经森林——乐曲描写了林中狩猎的情景；接着流经田野——乐曲记录了乡村婚礼和静静的夜晚；然后流经圣·约翰峡谷——乐曲描写了水流湍急飞瀑直下的壮观景象；最后流经首都布拉格，经维谢格拉德城堡流向远方。乐曲饱含对祖国、对家乡的热爱，充满歌颂和赞美之情。

1.设计两个教学计划对比实施。

根据本乐曲的写实和叙事的特点，教师做了"从语言讲解开始的音乐欣赏活动"和"从音乐开始的音乐欣赏活动"两个教学计划的对比实施。

第一个教学计划是个常规计划，讲—听—表现。先由教师介绍乐曲产生背景，借助捷克地图观察伏尔塔瓦河流向，用故事的方法介绍乐曲全曲所表现的内容。然后再让学生听音乐、做活动。该计划突出了教师的"讲"，在初一A班进行。

第二个教学计划直接从听入手，听—谈—表现。整个过程以学生活动为主，采取"听音乐谈心情""听音乐讲故事"的方法，大家一起讨论听到的内容，由老师一边听取学生的讨论和发言，一边讲"伏尔塔瓦河"的故事。此教学计划在初一B班进行。

2. 关注学生想象与创造能力的培养。

在音乐表现环节，教师要求两个班的学生先做"听音乐画画"的活动，把听到的、想象中的伏尔塔瓦河画出来，然后两个班举办一个联合画展，题目为《大河》。学生用画笔描绘出的伏尔塔瓦河更生动、更丰富多彩。例如，有的学生画出了现代气息大河，在河上架起了高速公路和立交桥；有的学生画上了自己的喜好，在河的两侧画上了足球场，画上了舞蹈场面和飘起的音符；有的学生画的是大河全貌；有的学生画的是其中一部分；还有一个学生构思非常巧妙，把题目隐藏在整个画面中："伏"字是河流发源地的几块岩石，"尔"字是森林中的一棵大树，"塔"字是用夜晚的群星组成的，"瓦"字变形成为古城堡上的城徽，"河"字变成了急流和浪花。这些都体现了学生们的无限创造力。教师被深深地打动了。

3. 综合延伸与相关文化体验。

（1）以河流为主题，收集分享不同种类的艺术作品。

乘着学生们高涨的兴趣，教师把这一课教学做了一个延伸活动，请他们在课后，利用各种途径收集有关描写"河流"的各种形式的中外音乐作品、美术作品、文学作品，并且能介绍或者表演给大家，做一个以"河流"为主题的艺术作品分享会。学生看书、上网、请教父母。他们找来了歌谱、光盘、作品原件或复印件，有歌曲，如《辽河从我家门前流》《长江之歌》等；有乐曲，如《蓝色多瑙河》、钢琴五重奏《黄河》等；有小说《静静的顿河》；有诗歌，有绘画。学生有的讲、有的唱、有的朗诵，真可谓一顿丰盛的艺术分享大餐。

（2）及时把握教育时机，普及相关学科知识。

音乐课的活动过程常常联系到许多相关的学科，如美术、舞蹈、文学、历史、地理等，如果教师运用得当，及时捕捉教育时机，则既可体现音乐课程的开放性，又能开阔学生的视野，会在潜移默化中提高学生的综合素质。例如本次教学活动中，学生在用画表现想象中的大河时，有人竟然把河画成了一个圆圈。针对这幅画我让学生展开了讨论，并提示"有什么不合理的地方？为什么？"。大家展开了激烈的讨论，最后学生总结出，这样的"河"在自然界的河流中是不存在的，因为水往低处流，不可能自己形成一个循环圈。学生兴趣盎然，取到了较好的效果。

对比两个教学计划，两个班的课堂表现和效果不同，具体见下表。

教学环节	实施教师讲解A班情况	教学环节	实施直接听音乐B班情况
教师语言讲解（利用捷克地图）	开始学生听课不认真，不久大部分学生在认真听，有个别好动的学生做小动作。	第一遍听音乐	全班很安静，有的学生闭着眼，有的学生低着头，全体听得很投入。
听音乐	全班很安静，有的学生闭着眼，有的学生低着头，全体听得很投入。	讨论与故事	学生踊跃发言，都想谈谈自己听到的内容。
画画	几乎所有学生画的都是伏尔塔瓦河全貌，形状类似捷克地图上的河流标志。	画画	有的学生画河的全貌，有的画了河的一部分，有的画近景，有的画远景，多种多样，各具形态。

第一个教学计划，教师利用语言讲解与地图直观教具为学生听音乐打下了很好的基础。但从上表A班学生的表现和效果来看，以教师和教具为主的教学，学生画出来的内容是教师讲出来的，很明显限制了学生的想象和创造。从听音乐的表现来看，教师讲与不讲，学生都非常投入地听。教师和学生达成了一个共识——语言与音乐相比显得苍白无力，音乐的表现力要比语言描述更加形象生动。

（王惠然　保定幼儿师范高等专科学校涿州分校附属中学　初一音乐）

案例分析

该例中教师对不同的教学程序做了比较，表明在学生自主学习的课堂上，学生更富想象力和创造力。在音乐欣赏课堂上，教师富有创意地组织一些开放性活动，融合相关学科的内容、表现，丰富了学生的知识，激起了学生的学习热情，加深了对乐曲的理解，有利于提高学生的综合素养。

《解决问题的策略——画图》对比教学

案例描述

一、实验过程

（一）两次前测，确定实验对象

将实验前（三年级下学期）的期末考试成绩作为其中一次前测数据。对照班平均成绩为 93.13 分，实验班平均成绩为 93.9 分，总体上说两个班学习情况大致一样。对照班平均分略低于实验班，是因为对照班有一名后进生成绩较差（64 分）。确定实验班和对照班后，为更好地保证实验在无关变量基本一致的情况下开展，实验前进行了第二次前测。根据这次测试成绩对学生进行配对分组，每班确定 30 名学生作为实验对象。这 30 名学生中每个班女生 14 人，男生 16 人，其中对照班平均成绩为 93.33 分，实验班平均成绩为 93.5 分，两个班学习情况大致一样。

（二）调整内容，实施实验干涉

按照正常的教学进度，对实验班与对照班进行实验。

1. 实验班教学安排。

根据学生的个体差异，采用调整教学内容策略，对整个教材内容进行重新编排。具体实施步骤如下：

①情境中激发"画图"欲望。

出示题目（配录音）。

口算时，学生感到困难，"画图"欲望在"求解"中被自主激发。

②回忆中体会"变化"规律（第一次实验干涉：将教材中倒叙，调整为正叙）。

根据给出的长方形的不同数据，让学生联想相关信息。在回顾旧知中，循序渐进地让学生初步感知长（宽）变了，宽（或长）没有变的变化规律。

③应用中体验"画图"策略（第二次实验干涉：将教材中所有"增加情况"进行整合）。

谈话：梅山小学有一块长方形花圃，为了扩大绿化面积，学校准备把这块花圃扩建得大一些。你有什么好的建议吗？

学生讨论，给出建议：增加长，增加宽，长和宽同时增加。

然后根据学生的建议分别研究：增加长或增加宽的情况，长和宽同时增加的情况。

为了照顾个性差异，教学过程中，教师加强对"增加长或增加宽的情况"中关键句的分解教学。教学"长和宽同时增加的情况"时，教师通过文字与图形与"增加长或增加宽的情况"进行对比，让学生在图形中感悟其中的区别。

④自主探究"减少"现象。

⑤回忆旧知，沟通联系。

2. 对照班教学安排。

对照班仍按原来常规的教学计划进行常规教学，对教材内容不进行调整与整合。具体实施步骤如下：

①创设情境，引出例1。

②师生合作，共同画图，交流解题过程。

③变换情境，自主探究"减少"现象。

④巩固练习，完成"想想做做"1、2两小题。

二、实验结果

（一）实验班和对照班后测成绩差异比较

教学实验之后，立即进行实验后测。后测内容主要从识图、画图解答应用题以及拓展应用这三个方面考虑。后测结果将90分以上者（含90分）评为优，70~90分为中，70分以下为差。其测试结果统计如下：

	总体			优等生			中等生			后进生		
	n	$\bar{x}$	s	n	$\bar{x}$	s	n	$\bar{x}$	s	n	$\bar{x}$	s
实验班	30	85.2	16.7	15	98.4	2.2	5	86.8	1.6	10	64.6	11.7
对照班	30	74.1	11.9	3	95.3	3.4	8	82.8	3.2	19	67.2	8.1
z		3.34			0.05			2.34			2.22	
P（显著性）		<0.01			>0.05			<0.05			<0.05	

从总体上看，实验班的平均成绩为85.2分，而对照班的平均成绩为74.1分。因此，实验效果是非常显著的（$P<0.01$）。对中等生和差生来说，效果比较明显（$P<0.05$）。对于优生来讲，虽然从P值上来看，效果不明显（$P>0.05$），但这从两个班优生的人数上来看，实验班为15人，而对照班只有3人，实验班优生人数正好是对照班的5倍，所以从这个意义上来讲，实验效果也是不错的。

（二）实验班和对照班前后测情况比较

	对照班		实验班	
	$\bar{x}$	s	$\bar{x}$	s
前测	93.3	3.98	93.5	4.7
后测	74.1	11.87	85.2	16.67

在本实验中，除了研究教学内容调整策略的效果，教师还对《解决问题的策略——画图》这一学习内容进行了研究。从以前数据可以看到，前测中的标准差对照班只有3.98，而实验班也只有4.7，这说明实验前这两个班学生之间的差距并不是太大。而实验后，不但平均分两个班大有降低——对照班只有74.1分，实验班也只有85.2分，而且标准差也相差甚远。对照班的标准差为11.87，实验班的标准差也就更大，为16.67。这两个标准差说明，学习完这部分内容

后，学生的差异被明显区分开来，数学思维能力较弱的学生在学习这部分知识时明显感到力不从心。

（杨宏权　扬州市文峰小学　四年级数学）

案例分析

教学内容是教学的要素之一，对课堂教学效果有重要影响。该例通过教学对比实验说明，针对学生的学习起点情况，调整教学内容及顺序，差异化安排，可以提高课堂教学质量。对于后进的学生还应给予认知的铺垫，留足学习时间，必要时提供学习的支架。

第六章

多样化的教学方法和手段运用

差异教学主张运用多样化的教学方法与手段,并强调要体现启发式的要求,发展学生思维,促进学生学会学习。

第一节　教学方法和手段多样化的意义

在课堂教学中为了兼顾学生的不同学习需要，教学方法和手段要多样而灵活。因材施教思想的深刻内涵之一就是教学方法要因人而异。

一、每种教学方法和手段都自己的优点与不足

每种教学方法都既有优点又有缺点。每种方法都可能对解决某些问题有效，而对解决另一些问题无效；每种方法都可能会有助于达到某种目的，却妨碍达到另一些目的。为适应不同学生的需要，教学方法应提倡多样性，应根据不同的教学目标、学生的心理特征和学生的知识基础，以及各学科的特点、教师特点和教学时间多少，选择相应的教学方法。巴班斯基曾指出，教师对教学法的多样性的概念了解得越多，与学生的交往越全面，科学基础知识越广泛，那么教学法就会越灵活、越有成效、越明确。因此，多种被选择出来的方法的综合就是最优化的。

二、不同学生对不同教学方法适应程度不一样

不同的学生对教学方法的适应程度是不一样的。邓恩夫妇的调查表明：仅有 30% 的学生记得其在标准的课堂时间所听到的东西的 75%；40% 的学生记得他们读到或看到的东西的 75%。这些视觉的学习者有两类：一些人以语词的形式处理信息；而另一些人以图表或图片的形式保留他们所看到的东西。15% 的人通过触觉学习得最好，他们需要触摸物质、写、画，以及参与具体的经验。另外 15% 的人是动觉学习者，通过身体来做能使他们学习得最好。邓恩夫妇指出，我们每一个人通常都有一个主要的能力，还有一个次要的。在一个课堂或

者学习班里，如果学生的主要知觉力不适应教学方法，他们也许会有学习上的困难，除非他们能用其次要的知觉力弥补。根据我们的经验，动觉和触觉的学习者是在传统学校的课堂里失败的主要人选。他们需要运动，需要感觉，需要触摸，需要做，如果教学方法不允许这样做，他们就会感到被排挤、被遗忘以及乏味无趣。

查理斯将个体学习通性（指个体在学习活动中惯于采用的学习方式）分为三大类型：①冒险型，个体参加学习活动积极主动，教师宜提供有趣味的教材和活动；②沉思型，个体较重视学习细节，教师宜运用编序教学法；③任意型，个体学习分心，教师在教学中需不断改变学习活动，并运用行为改变技术，提供成功感教学。任何一种方法都不可能对学生产生同样的学习效果，倡导多样化的方法和手段能帮助学生选择运用最适合自己的学习方法，达到最理想效果。

学生不仅在学习方式上存在差异，在思维的类型上也有所不同。安东尼·格里高里把思维分为四组：具体而有序的；具体而随机的；抽象而随机的；抽象而有序的。苏联心理学家克鲁捷茨基在研究数学能力时，把它划分为三种类型，即分析型、几何型、调和型。分析型学生的思维特点是具有高度发展的语言逻辑成分，习惯于用抽象模式运算，不需要形象化东西或模型支持。几何型学生的思维特点是具有发展非常好的视觉形象成分，习惯于形象地解释抽象的数量关系，用视觉的图式、表象和具体的概念去解决问题。调和型学生在语言逻辑成分的主导作用下，其充分发展的语言逻辑成分和视觉形象成分相对平衡，他们在用形象阐明抽象关系方面有独创性，但他们的视觉形象和图式是从属于语言逻辑分析的。在调和型中又可分为抽象调和副型和形象调和副型。在他们研究的34名能力强学生的基本组中，6名属于分析型，5名属于几何型，13名属于抽象调和副型，10名属于形象调和副型。划分思维类型还可从其他角度，如也有人曾将学生解答数学问题的思维类型分为代数型、几何型、综合型。为适应不同学生在学习和思维上的不同需要，我们的教学方法必须是多样而又灵活的。反过来，多样化的方法和手段又能促进学生思维水平的提高。

三、运用多样化的方法和手段促进学生发展

教学不仅要适应学生当前的需要，还要适应他们发展的需要。为此，有时还要让学生经历不适应到适应的发展历程。例如，为了培养学生的创新精神和创新能力，我们需要引导学生探究性学习，学会因果关系思维，但这对习惯于接受性学习的学生来说，他们开始会不适应。为了让学生体验价值观，有时要采用角色表演的方法，性格内向的学生开始会不适应。但当他们经历了不适应到适应，就发展到了一个新的水平。关键是对学生学习适应的准确估计，对他不适应的教学法能对他构成挑战，但又不能难倒他；要有必要的过渡，在教育环境等方面给一些学生必要的支持。例如，对不适应探究性学习的学生可以适当降低探究训练的难度，使所提的问题仅有两三种探究途径，且学生探究时能应用许多已有知识；对不善表演的学生，可以将角色表演设计得简单一些，并提供一些分析价值观所需要的技能练习等。

差异教学案例

班会课"'丢三落四'王国探险记"

案例描述

一、教学目标

1.通过看动画片段，学生知道什么是"丢三落四"，懂得自主管理物品的道理。

2.借助生活情景及视频，学生意识到"丢三落四"的危害，认识到学会自主管理物品的重要性。

3.总结打败"丢三落四"的方法，并能在今后的实际生活中学会运用。

二、教学过程

导入:《没头脑和不高兴》的视频片段。

步骤一:"丢三落四"现象多。

1. 师:你们有过和"没头脑"(视频人物名)一样的情况吗?(出示饼形调查图表)

2. 师:今天老师将带领咱们班的同学去"丢三落四"王国看看。

(设计意图:从学生身边的实际出发,发现"丢三落四"的问题)

步骤二:"丢三落四"危害大。

1. 故事1:国王和渔夫。

你想对国王说什么?对渔夫说什么?

2. 故事2:赶考的学生。(视频展示)

去参加科举考试的学生都忘记带什么东西呢?

少了这些东西有什么危害?

(设计意图:让学生通过多种形式,从故事里的人物身上体会到"丢三落四"的危害)

步骤三:"丢三落四"我出招。

一起向"丢三落四"发起挑战吧!

小组合作,完成学习单任务一:对抗"丢三落四"的方法。(如右图)

(设计意图:学生根据自己的生活经验,总结对抗"丢三落四"的方法)

步骤四:"丢三落四"我行动。

1. 老师提前收集了一些身边"丢三落四"的现象。

困惑1:笔记本的困惑。

困惑2:水彩笔的困惑。

困惑3:保安叔叔的困惑。

困惑4:小宝妈妈的困惑。

困惑5:张老师的困惑。

困惑6:同学们的困惑。

2. 儿歌《远离"丢三落四"》。

丢三落四真糟糕，这个丢来那个少，想想后果把头挠，

固定地方容易找，提前检查放心头，勤做标记弄不丢，

"粗心马虎"远离我，做个管理小能手。

3. 学习单任务二：打卡表，集齐7个★，"大王"就会给你们兑换一个神秘礼物哦。

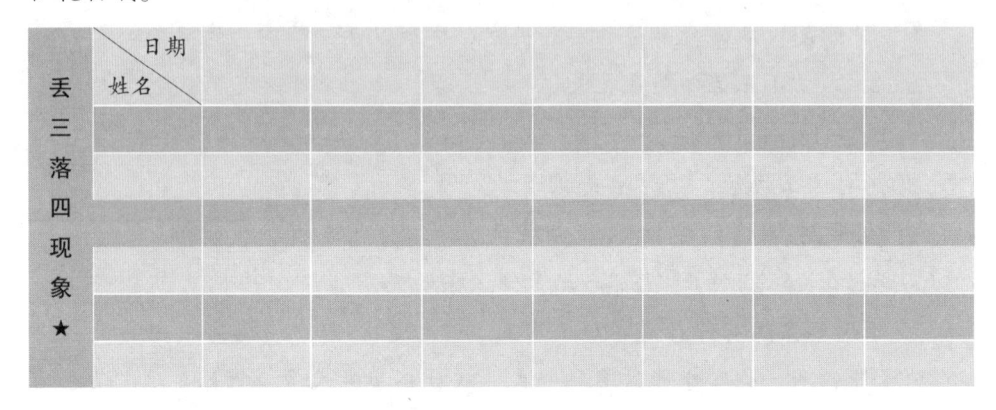

丢三落四现象★ \ 日期 姓名							

（设计意图：引导学生解决生活中常见的小问题，灵活运用好方法；引导学生将自主管理的好习惯落实到日常生活中；将方法编成儿歌，使之朗朗上口便于学生记忆）

三、课后作业

收集学生7天后的打卡表，对集齐7颗★的学生发星星卡表扬。

（设计意图：引导学生利用小组打卡的方式，根据自身的差异，互相督促提醒，共同养成良好的、自主管理的好习惯）

一、二年级是培养学生良好习惯的重要时期。通过平时观察和课前的抽样调查，我发现学生普遍存在"丢三落四"的问题，班级失物招领处无人认领的物品越来越多。因此，我认为非常有必要指导学生掌握自主管理物品的方法，养成自主管理物品的良好习惯。

班会课从"丢三落四"王国探险情境入手，首先交流"丢三落四"的危害，让学生畅谈改掉"丢三落四"坏习惯的办法，小组合作群策群力总结出改掉"丢三落四"坏习惯的好方法。然后和学生一起讨论解决生活中常见的

小问题，将方法编成儿歌，使之朗朗上口便于学生记忆，灵活运用好方法解决问题。最后通过7天打卡训练，帮助学生将自主管理物品的好习惯落实到日常生活中。

（张蕾　新东方扬州外国语学校　二年级班会课）

案例分析

该例中教师以低年级学生普遍存在的"丢三落四"问题为班会主题，针对低年级学生特点，利用现代教育技术如视频材料、动画片等，运用儿童喜闻乐见的方式方法，引导学生分析"丢三落四"的危害，再小组合作共同"出招"对付"丢三落四"，使学生差异成为资源。最后通过编儿歌、打卡等，教师让学生提醒、管理自己，养成好习惯。如果课堂上让每个学生在小组中说说自己在学习和生活中存在的"丢三落四"现象，效果会更好。

第二节　多样灵活的教学方法启迪学生思维

一般认为，教学有法，教无定法，贵在得法。教无定法就是强调教学方法要从学生学习实际出发，灵活运用。

一、课前的精心设计

有效的教学方法是教师课前预先筹划的结果，如课上给哪些学生提供直观材料，给哪些学生提供辅助提纲，要求哪些学生做示范，怎样组织探究学习，提出哪些问题等。教师在设计教学方法时，一般要考虑为什么要采用某方法，对哪些学生运用这些方法，何时采用这些方法，如何运用这些方法，该方法的不足在哪里，和其他教学方法如何结合运用，甚至可以想象一下课堂上可能出现的情境。教师在设计教学方法时一定要给学生自主学习的机会，尊重学生的不同学习方法，并加以指导。教学方法的多样化不是追求课堂表面的热闹，而是让每个学生的思维都活跃起来。这样的思考和安排为课堂上灵活运用教学方法和手段提供了准备。

二、课上的随机应变

教学的灵活性首先体现在针对不同学生采用行之有效的方法。对不同的学生采用不同的教学方法，应有利于学生扬长补短。例如，一位语文教师在让一个听力障碍学生听写"胸有成竹"成语时，有意识地面向她，并夸大口形，同时在胸前做了简单的手势，这位听障学生马上领悟到是听写"胸有成竹"。教师利用了听力障碍学生的视觉优势。再如，对于书写困难的学生，除为其配以辅助书写的工具，也可让其借助录音机，充分利用其听觉的功能。而对擅长具体形象思维的学生则可提供图片、学具等。

但教学的灵活多样性更体现在教师对一些课堂现象的敏感反应及对教学的应变上。任何教师要严格按预定顺序教学必然失败，因为学生所有自发性都被他的"方法"吞没了。课堂上教师应根据学生的情绪表现，针对不同学生灵活地调整教学方法。而教学的机智依靠教师的智慧和经验，以及对学生的仔细观察和时机的把握。

三、多种教学方法手段有机结合，启迪学生思维

课堂教学方法要多样化，但各种方法应有机结合，过渡自然。例如，在教学同分母分数的加法法则时，将算理和图形有机结合，让学习程度好、习惯于逻辑思考的学生说算理，同时让那些习惯于借助图形思考、喜欢动手的学生在黑板上相应地画阴影线表示，让他们互相补充和配合，从而相得益彰。

多种方法的综合运用也有助于学生多角度思考，加深学生对知识的理解。例如，在长方体特征的教学中，我们可以让学生将12根小棒做成长方体框架模型或将长方体展开图首尾相接做成长方体模型，在此过程中体验概括长方体的

特征；也可以引导学生观察比较长方体的模型的棱与棱、面与面，得出长方体的特征；还可以借助多媒体的操作。但这些方法都各有利弊，例如操作小棒，围成的是长方体框架模型，有利于发现长方体"棱"的特征，但不利于发现"面"的特征。如果各种方法综合运用，不仅可以适应不同学生的需要，且有助于学生对概念的深刻理解。多样化的学习方法手段的交流还有利于培养学生的思维灵活性，提高学生的思维水平。

在教学中无论我们采用什么方法，都应体现启发式教学的思想。早在两千多年前，我国的孔子就倡导启发式教学。《学记》则强调"道而弗牵，强而弗抑，开而弗达"，即引导而不牵着走，鼓励、督促而不压制积极性，提出问题而不代替学生得出结论。十九世纪德国教育家第斯多惠曾说过，如果使学生习惯于简单地接受和被动地工作，任何方法都是坏的；如果能激发学生的主动性，任何方法都是好的。另外，从照顾差异的角度来说，只有当学生都独立自主地学习和合作时，教师才能有更多时间、精力去照顾学生的差异，帮助那些有特殊教育需要的学生。因此，在教学中教师要考虑以下三个问题：一是在课上怎样激发学生的学习动机，使每个学生都愿意学；二是如何指导学生学，让学生掌握学习的方法；三是让学生学会调控自己的学习，不断改进自己的学习。

新课改非常重视培养学生解决问题的能力。解决问题需要逻辑推理、类比推理等集中思维。在教学中应对学生进行简洁、严密的集中思维训练。为了培养学生的创新精神和创造能力，教师在教学中又需要培养学生的发散思维、评价思维，在教学中提供大量的可能性联系的问题或答案，鼓励学生解决问题的多种方案，允许他们失败，奖励新颖、奇特的答案。

📄 **差异教学案例**

多法启思，赏析优美文字

案例描述

教学过程		
教师活动	学生活动	关注差异
一、导入 同学们，通过五年的日积月累，老师相信大家已经掌握了许多汉字，我们的生活中也处处都能看到汉字。那你谈一谈对汉字的理解吗？	1.汉字是中华民族的瑰宝，是中华民族智慧的结晶。 2.汉字是我们中国人沟通与交流的手段。	通过在本节课正式授课之前询问学生对汉字的理解，可以看出每个学生的理解不一样，这充分体现了学生个体的差异性。由此导入课题"美丽文字民族瑰宝"。
二、教学过程 1.课前同学们已经自习了有关于汉字的知识，关于汉字你还有什么想要了解的？ 2.根据学生最感兴趣的内容进行流动分组，进行小组汇报。 （1）寻汉字之源。 是啊，这些古汉字就像是一幅幅原始的绘画，所以说我们的汉字与绘画同出一源，早期汉字与以写意为特点的中国绘画有异曲同工之处。	1.汉字的由来。 2.汉字的演变历程。 3.名家名作。 4.汉字的特点。 1.学生汇报：仓颉造字的故事（播放视频），了解古人是如何造字的，掌握造字的方法。 2.猜一猜，引导学生说出"虎"和"象"两个字如何根据表象猜测出来。 3.继续猜一猜活动，根据象形字说出"十二生肖"的汉字。	用视听结合的方式激发学生学习兴趣。汉字是从最早的绘画演变而来，早期汉字有象形的特点。通过直观视频，让学生听一听，看一看，结合所看所听进行阅读，加强理解。

续表

教学过程		
教师活动	学生活动	关注差异
甲骨文又是如何演变成现在方方正正的汉字呢？ 汉字一路走来，它的字体演变又有什么特点呢？经历了几种变化？ 出示"年代尺"，再次让学生回顾汉字演变历史中字体的变化。同学们，你们想看一看我们汉字是如何演变的吗？老师邀请了专家为我们连线讲解。 专家对"人"字和"龙"字进行详细讲解。 小结：汉字历经了漫长的演变过程，具有悠久的历史，是世界最古老的文字之一。 （板书：古老）	我是甲骨文：亲爱的同学们，我诞生于三千多年前，那我们甲骨文刻在哪里呢？对，没错，龟甲上，我是被刀子刻在龟甲的甲骨文，所以我笔道纤细瘦硬方折。 我是金文：同学们，你看我和甲骨文长得非常像，那如何分辨我们呢？让我来偷偷告诉你们，我被刻在青铜器上，所以我的线条更加肥厚。 我是小篆：我可是有身世故事的！大家想知道吗？大家跟我来。（角色扮演，演绎秦始皇和李斯的故事） 隶书：我出生于秦，但兴盛于汉，我被人们写在竹简上。我多呈宽扁形状，横画长、竖画短，讲究蚕头雁尾一波三折。 楷书：我不用过多介绍了吧，我可是深受世人的喜爱和钻研，至今不衰。 行书：我是行书，我是他们当中最灵动、最清秀的那一个。在学习生活中如何能够又快又工整地写好我们？	通过"多师同堂"的教学方式，为学生提供更丰富全面的教学内容。特意邀请到了书法专家为学生讲解几个具有代表性的汉字，更直观地让学生感受到汉字的演变和诞生过程。 再通过"年代尺"追溯汉字演变，从而形成中国汉字历史悠久的认知。对学生掌握情况进行一定反馈，以便教师在课堂上对教学随时进行调整。

续表

教学过程		
教师活动	学生活动	关注差异
（2）赏汉字之美。 评价演变的汉字之美。 不管是甲骨文还是楷书，历经千年，各具特色。经过漫长的演变，古人还将其美化，创造了书法艺术。古往今来有许多的书法名家利用笔墨纸砚将汉字特有的意境和情趣表现出来。像咱们熟悉的就有王羲之、柳公权、颜真卿、欧阳询等，那么接下来我们就一起走进书法大观园，去领略一下中国汉字的魅力吧。（板书：美）不仅中国人在学习汉字，外国友人也开启汉语年和学习书法。所以，作为中国人，我们更应该练好中国字，学会欣赏，同时要保护好我们的历史文化和民族瑰宝，好好地把我们的汉字传承下去。 同学们，关于这节课你还有哪些问题和疑惑呢？这个问题就交给我们的专家来替大家解决吧。 小结：同学们，希望大家能和这几位书法家一样，坚持书写、端正书写，将情感倾注于笔端，用实际行动传承传统文化。		通过介绍名人的书法作品，进一步感受书法艺术的绚烂多姿，感受汉字的魅力。同时，从学生的生活入手，通过展示学生的书法作品和专家连线教学，让学生自己动手写一写，引导学生端正书写。

续表

教学过程		
教师活动	学生活动	关注差异
（3）感汉字之情。 少年强则国强，作为中国少年我们要如何续写我们中国汉字的故事呢？ 小结：中华民族的形成和发展离不开汉文字的维系。中华文明根深叶茂，汉字润泽源远流长。 最后用音乐《中国字，中国人》作为课堂的结尾。	1. 可以当汉字讲解员，更好地弘扬我们中国的文字中国文化。 2. 认真学习汉字，传播汉字文化，参加各类汉字比赛如书法比赛等。 学生跟唱。	最后在活跃的课堂气氛中，学生在歌声中结束本节课，且歌曲紧扣本课中心思想，写好中国字、做好中国人。
三、课后作业 1. 用一种喜欢的字体书写自己的名字或者自己喜欢的文字。 2. 用自己喜欢的字体摘抄或者书写一首诗词。	学生自主选择作业内容。	学生可以自行选择作业进行书写。

（刘奕菲　沈阳市浑南区第一小学　五年级书法）

案例分析

本例运用动态分组、多师同堂、角色扮演、视听结合、专家视频授课等多种教学方式，充分发挥了学生的自主能动性和团结协作能力，激发了学生的学习兴趣，让学生热爱汉字，写好中国字，做好中国人，弘扬祖国的传统文化。

第三节　现代信息技术手段的运用

随着信息技术的迅速发展，计算机辅助教学（CAI）、人工智能、大数据运算等可以有效地帮助我们在班集体教学中照顾学生差异。

一、借助信息技术创设教学情境

CAI 软件和教学课件的开发、多媒体计算机辅助教学系统、计算机辅助教学网络系统，为我们的教学提供了可选择的、多样化的教学情境。学校也可利用 VR/AR 等人工智能技术，创设教学情境，为学生具身体验节省时间，拓展空间，为学生提供沉浸式、个性化体验。学生借助情境迅速回忆并与自身经验关联，自主建构知识。不同方式的多媒体教学激发学生对某一问题产生兴趣并反复体验，也有助于学生学习情感动机的形成。例如，杭州有位教师依据"物质在水中的分散状况"教学内容，借助信息技术创设灵动画面情境，通过画面中出现的溶液、悬浊液、乳浊液等形成过程，吸引学生，使学生能够集中注意力进行课堂学习，并由此产生探索科学知识的兴趣，主动参与课堂情境直观体验，提高其课堂学习效果。

二、借助信息技术及时反馈，精准分析学情

借助应答器、手机、平板电脑等小型电子设备，可对学生的学习及时进行反馈，以改进教学。网络教学在为师生提供及时有效的、大面积的反馈方面有独到作用。学生登录、文本阅读、点击数量、学习路径、作业完成等被人工智能收集记录为云端数据，及时反馈。

借助人工智能，通过大数据运算和人脸识别技术，我们还可以准确识别学

习者行为，精准分析学情，及时监控、调节教学。

三、借助信息技术提供差异化学习

随着科学技术的发展，数字化的系统软件为差异学习与教学提供了更丰富的平台。例如 BBS 网上学习平台，界面友好，形象直观，图文声并茂，可以满足不同学生的需要，并提供良好的交互学习环境。教师利用人工智能及教育资源随时呈现支持学生学习的图像、声音、视频，为学生答疑，满足学生的不同学习需要。

教师也可借助人工智能的研究成果，支持学生差异化学习。例如 Cognitive Tutor Algebra（CTA）是一款代数教学智能导学系统，使用模型跟踪方法将学习者解决问题的行为与认知模型联系起来，以提供个性化的反馈。有人将 CTA 中的教学内容改进为深度个性化内容（与个人兴趣真实相关的数学问题）和表面个性化内容（仅改变教学问题的主题）支持差异化学习，利用数据驱动方法，为学习者提供个性化的提示等。还可以充分利用一些现代教学的手段，提高学习训练效果。例如，考乐伯曾利用电脑辅助激发孤独症儿童与电脑交互反应，从一些文字游戏中发展语言能力。克雷木曾利用电脑辅助，让活动过多的儿童做算术运算。他发现，活动过多的儿童在电脑终端机上注意力维持较久，利用电脑做的题目较多，利用电脑促进了计算技能的形成。

学习资料可以是教材课本，也可以是光盘、图片、网上资源等。学生的学习背景、途径不尽相同，以及学习特点、爱好不同。教学要充分利用学生的差异资源，使学习更加丰富生动。

但要注意的是，信息技术、人工智能代替不了教师的作用。既要将这些技术有效地融合在教学中，同时也要发挥好教师自身的优势，如独到的见解、批判性思维与共情能力等，从而保证教学的效率与效果。

差异教学案例

基于网络的语言交际

案例描述

一、教学目标

1. 学习问路中常涉及的相关用语及词汇。

2. 训练和提高学生的听、说、读、写能力，培养学生良好的学习习惯和思维方式，能用英语展开对话、进行交际；让学生获得更多信息，进而培养学生的信息处理能力，创新思维能力和综合实践能力。

3. 通过谈论家乡的建筑物、场所及方位路线，使学生更加熟悉自己生存和生活的环境，更加热爱自己的家乡；同时，让学生充分感受现代教学方式的变革，促使其学习方式的更新和优化，转被动接受为主动参与、互相协作。

二、教学重点难点

展开问路的话题，重点要掌握句型"Can you tell me the way to …？"及其答语"Go along the street, and then turn right at the third crossing. The place is on your right"，以及相关的词汇，并将地名及有关词汇正确地朗读及运用。

三、教学对象分析

六年级的学生对新鲜事物注意力持久，并已初步具有上网浏览、上网搜索信息的能力。学生在传统的课堂教学环境中很难贴切地展开问路这一话题。现在为学生提供丰富的信息资源，创设良好的网络环境，使他们在图、文、声、像等信息的刺激下充分感知，从而激发他们运用语言的兴趣，也更能大胆地对话交际，有效地提高运用语言的能力。这样既可为优等生提供更多的挑战机会，也可为后进生提供更多的关心帮助。教学更尊重了差异，使每个学生在原有的基础上得到最大可能的发展。

四、教学媒体设计与网页应用分析

课件 Asking the way 是应用 Flash MX 软件制作成的网页，每页均以苏州市地图作为背景,具有良好的动画效果,图像质量高,而且采用矢量图像,动画体积小,输出文件下载速度快,画面流畅。学生输入网址即可直接进入主网页,每页设置了返回主菜单、返回上页、进入下页和重播等相关按钮。学生可以根据自己的学习需要随机选择学习的入口和出口,主动控制信息的流向及内容,这有利于弥补在大班教学实际中出现的差异障碍。师生均能及时地进行自我评价、师生评价、生生评价,提高教学质量。课后,学生还可上网,利用信息资源进行复习巩固,持续地学习。

五、教学过程(片段)

画面出现随音乐内容做动作的卡通人物,形象直观。学生可看着画面,边做动作边唱已学过的歌 *Do some exercises with me*,歌中唱到的"Turn left, turn right"是本课的重点词组。熟悉的曲调激发了学生的学习兴趣,活跃了课堂气氛,为网络学习做了铺垫。

在学生面前出示一幅地图(a map of a town)。地图涵盖了本课所涉及的词汇。点击6个建筑物、2个路标、2辆公交车的任意一个,会放大出示拍摄处理的苏州市相关的实景照片及贴近生活的亲切画面。每幅图均配以原声标准读音及文字书写。这使学生在了解本课教学目标的同时,产生一种想法:我要用英语来描述家乡——"我要学"。

学生戴上耳机随意点击,听标准读音并跟读,根据自己掌握的情况反复点Read键播放,直至完全掌握。这样省却了传统教学中盲目的、大量枯燥的、机械的跟读,可以依据各自的差异进行有效的学习。学生在这一环节中兴趣盎然地学到了新知识。本课难点在此被突破,教学效率也提高了。

在教学的空隙或课余可播放 *Excuse me* 这首歌,用此来复习巩固问路句型。随着音乐画面的播放歌词会出现。学生可课外上网学唱。这留给学生很大的学习空间,充分调动了学生的学习积极性。

学生就地图进行问路对话,有难有易。学生可根据自己上个环节掌握的情况自由选择一个情境来演一演。学生若遇到困难时,可带着疑惑点 Model 键,听示范音,使语言交流变得毫无障碍;若有余力时,可赶超示范音,进行人脑和电脑大比拼,更好地拓展知识点。这很好地解决了一个教师不能同时辅导全体学生学习的问题,使学生得到了网络一对一的帮助。此过程要求学生"反馈",不但用英语讲,而且用英语想,使学生语言的组织能力和运用能力得到了有效的训练。

有了前面听、说、读的训练,本课根据学生的水平设置了两套拓展练习题 Listen and number 和 Read and write,供学生进行在线考试。学生自由选择适合自己发展水平的试题,在答题的过程中可随时修改答案,检查完毕后按 End 键提交阅卷。计算机会给出正确答案及获得的成绩。教师对满意自己表现的学生予以鼓励。若学生不满意自己的表现,课后还可重复练习。这样,学生练习的深度与广度得到了全面的体现。及时的反馈能让学生随时纠正学习误差,成绩的再现又能激励与调动学生的内在能动性。教师在学生的活动中也能立即得到信息,从而调整教学策略,组织补偿教学,完善教学过程。

将学生经常走过的学校周围的主要街道及熟悉的设施收集、整理、绘制成地图,并标示出英文名称,让学生来玩"听路线,猜地名"的游戏。点击任一名字,学生边看地图边听到一段描述出发点及行进路线的录音,踊跃地猜测到达的地点。按下 Key 键,计算机会给出正确的路线及到达的地点。教师及时奖励猜对的学生,进一步激发学生的学习热情,将课堂气氛推向高潮。我校位于苏州市旅游宾馆区,学生经常会遇上外国友人问路。本软件将重点、难点进一步融会贯通到了现实生活中,切实提高了学生的英语交际能力,使情感目标的实现得到了有力的保障。

(朱晓芳　江苏省苏州市沧浪区实验小学　六年级英语)

案例分析

本例中教师创设多元化的课堂学习活动,利用网络资源提供开放兼容的学习平台,有效地激发了每个学生的学习情感动机。学生在课堂上利用网页所创设的情境,自主、自由、自然地运用语言,动态分层,适时地扬优补缺。师生均能及时地进行自我评价、师生评价、生生评价。评价的功能从注重甄别与选拔转向激励、反馈与调整,更加关注学生的个别差异。

第四节　促进学生个体学习方法的优化

每个人都有一些习惯运用的学习方法和手段。教学过程也是完善优化学生的学习方法和手段的过程。

一、帮助每个学生掌握适合自己的学习方法

教师的教学最终要使学生学会学习，帮助他们形成独立获取知识信息和运用知识信息的兴趣、能力、意志和习惯，知道从哪里迅速而正确地找到所需要的知识信息，并有能力加以检索、鉴别、分析和利用。这种独立学习能力的培养与教学方法有很大关系。例如，智力水平好的学生更多运用独立探究性学习的方法，这也有利于他们学习能力的提高，而有的困难学生却往往难以理解知识，需要别人帮助，且要较多运用直观学习。教师在教学中不仅要让学生掌握知识技能，还要帮助他们不断学习和积累学习的方法。这对于学习困难的学生尤其重要。例如，学习数据的收集整理，能力强的学生会自觉运用编码的方法，而学习困难的学生往往需要教师指导怎么运用编码的方法等。他们不是生来就会这些方法，在领悟、掌握学习方法上也是有差异的。教学中不能以一样的要求对待。

学法指导的前提是了解学生。学法指导应在学生已有学法基础上进行概括、调整和升华。应从学生已有的思维特点、学习习惯等出发，按照学生心理发展水平有针对性地指导，指导学生学会思考，掌握学习方法；学会调节、监控自己的认知过程；学会预习，学会听课，学会复习；学会掌握学习的节奏，科学安排学习时间等。教师应尊重学生的学习方法与学习的风格，要通过对学生的观察和分析，帮助他们找到适合他们自己的能力和兴趣的学习方法，引导他们不断完善自己的学习方法、学习风格，而不是强迫他们采用教师指导的方法。

二、促进学生的学习方法向优势方向转化

每个学生都有自己的学习方法，但不一定有最好的方法。例如阅读文章，有的学生在阅读中能把握段与段之间的内在逻辑关系；有的学生在阅读中能提出问题，帮助自己进行理解性阅读；有的学生能抓住关键词语理解文章；有的学生看字认字，照本宣科。教师的责任是指导学生逐步掌握最有效的方法。例如，教师通过提出问题、创设情境启发学生提出问题、让学生独立地提出问题等一系列学习训练过程，帮助学生学会理解性阅读。在学习过程中，优生与困难生在学习活动的积极性上并无多大差异，但在学习类型上有很大差异。优生比困难生更多运用深加工，而较少运用表浅加工。困难生多注意描述性知识，而优生则多注意程序性知识和情境性知识。课文中多为描述性知识，而程序性知识、情境性知识则是内隐的，必须通过深加工才能提取出来。

笔者曾经在小学生看了《趵突泉》的视频后，调查他们的反应。结果出现三种情况：有些学生只是看泉水咕咕冒，感到很有意思；有些学生则发挥丰富想象，认为冒出的水泡有的像蝴蝶飞舞，有的像金鱼在游戏……；有些学生则基于理性的思考提出，为什么会不断有水泡外冒呢？可见，学生在看视频时加工的程度是不一样的，有的是浅表层次加工，有的是深层次加工。如果在学生看视频时教师提出一些启发性问题，引导学生深加工，学习的效果就会好得多。当然，还要进一步指导学生学会自己提问题，带着问题学习。

加工和理解的认知过程，同时也是对该过程进行积极监控、调节的元认知过程。教师应指导学生，特别是学习困难生掌握必要的解决问题的方法策略知识，提高学生元认知的水平，这可在一定程度上弥补他们学习能力的不足。

法国生理学家贝尔纳曾说，良好的方法能使我们更好地运用天赋的才能，而拙劣的方法则可能阻碍才能的发挥。因此，科学中难能可贵的创造性才能由于方法拙劣可能被削弱，甚至被扼杀，而良好的方法则会增大、促进这种才华。科学方法包括一般层次的哲学方法和各学科适用的一般方法，以及各学科的专门方法。对学生学习方法指导，要有步骤有计划，使他们系统理解和学会这些方法。另外，学习指导不仅体现在帮助学生恰当地使用学习方法和手段，而且

体现在帮助他们学会在学习过程中体验和心理调控等方面。

三、提高学生独立思考、探究学习的水平

主动学习和独立思考是深度学习的关键环节。教师也要了解与评估学生主动学习情况，更有效地、及时地激励学生主动学习，给学生留出独立思考的时间，鼓励学生提出个性化的理解和观点，引导学生相互交流，深化独立思考。要让学生积极主动地获取知识，主动地学习和探索。这是因为未来的社会要求有主体精神的人，有创新精神的人，要求学生在学习中学会做人，学会求知，学会做事，学会合作……。法国教育家保罗·朗格朗认为，人就他的各个方面，他的种种处境差异和他的责任范围来说，都构成教育的真正主体。

学生学习的能力水平和他的思维的积极性有关。困难学生往往处于思维被动的状态。教师要帮助学生改变这种"被动"，对困难学生学业的指导应当恰如其分。一些教学效果较佳的教师，有时深入监督（指导）学生做作业，有时又不大管，只是在指导学生做作业时发挥学生的主动性。教师应在给予指导或不给予指导之前要求学生领悟作业，并有所反应。孔子所说的"不愤不启，不悱不发"就是这个道理。在作业未被领悟之前就直接指导，会增加学生的依赖性。

在当今知识创新的时代，更要让学生学会探究性学习，在探究活动中掌握知识，领悟科学的概念和方法。当然学生探究学习的水平也是有差异的。教师应设计多种探究活动，给学生选择，逐步提升学生探究学习的水平，否则会挫伤困难学生探究的积极性。笔者曾听了一节主题是"植物的根是吸收水分还是渗出水分"的生物课，全班学生观看教师在计算机屏幕上的演示实验，虽然学生也明白了道理，但这对提高他们的探究意识和能力帮助不大。笔者建议，可设计三个学习活动：一是教师提出问题，学生自己设计探究方案并实验得出结论；二是教师设计方案，学生实验并得出结论；三是有困难的同学观看教师的演示实验。这样让不同探究水平的学生都得到提高。

学生的探究性学习往往是教师根据学习内容提出问题。教师也要引导学生自己在实践中发现问题、提出问题，设计解决问题的方案，通过自己的探究去解决问题。爱因斯坦认为，提出一个问题比解决一个问题更重要。提出有价值

问题的能力，对创新、创造是至关重要的。学生往往经历了不会提出问题—教师引导下提出问题（如教师为学生创设问题情境）—独立提出问题—独立提出有价值的问题的过程。长期坚持这样的训练，学生就能提出有价值的问题，并解决问题。

差异教学案例

栏目式教学在信息教学中的应用

案例描述

据统计，教师所在七年级学生中约有90%学生在小学接受过信息技术教育，约有10%学生没有任何相关基础。在接受过信息技术教育的学生中，只有约20%的学生接触过制作网页的软件，而这些学生对完整地制作一个网站所具备的技能知之甚少。针对学生的实际情况，教师采用了栏目式教学模式进行学科教学，尽快地让学生掌握网页制作的操作方法和技巧。

本节课的教学目标确定为掌握在网页中使用超级链接，包括网页间链接、网站间链接、网页内链接和电子邮件链接的操作方法。

为了在教学中能更好地总结经验和找出不足，教师在七年级2班、3班两个班级做了一个差异教学试验。

教师在七年级2班的教学过程中采用的是传统的教学模式。做法是先让学生打开学习材料；然后利用广播教学演示讲解网页间超级链接的操作步骤；接着断开教学广播让学生操作。这样依次将网站间链接、电子邮件链接、网页内链接传授给学生，完全让学生跟着教师的思路进行操作。在这个过程中学生不断地提出"链接不到指定地点""锚记该放在哪里"等问题。教师要到学生机前一个一个给他们解释和指导。

为了提高课堂教学效率，加大课堂密度，教师又在七年级3班采用了体现差异教学理念的栏目式教学。根据学生好奇心强的年龄特点，上一节课就提供给他们关于超级链接的自学材料，让他们自主探究其操作技巧，培养自学能力。

上课时，教师首先提问上一节课留给大家的自学材料中的关键词——超级链接，以此来激发学生的学习积极性，然后引入"向导"一词导入课题"轻松引路"。教师将整个教学分为"试一试""露一手""练一练"三个栏目。

第一个栏目"试一试"，教师让学生演示四种形式的超级链接，从中发现问题并随之解决问题。学生都积极地演示自己的自学成果，脸上洋溢着成功的喜悦。在此基础上，教师进一步激发学生的学习兴趣，提出一个激励性的讨论题目，即能不能用自学材料之外的操作技巧完成网页间的链接操作？由此把学生引入第二个栏目"露一手"。在这个栏目训练中，教师先给学生一点实践操作的时间，让他们合作探究刚才提出的讨论题目。通过讨论，教师引导学生总结出三种除自学材料之外的网页间超级链接的操作方法。然后，师生又共同探究网站间超级链接、电子邮件超级链接和网页内超级链接三种形式超级链接的多种操作技巧。接着进入第三个栏目"练一练"。教师组织学生进行操作比赛，比赛内容就是两组学生在规定时间内做同一赛题，哪组完成的人数多哪组获胜。之后，教师对两组所做赛题情况进行点评和指导，并归纳出在赛题中这四种超级链接形式最快捷的操作方法。在这时，整个课堂教学达到高潮，学生学习劲头很足，课堂气氛十分活跃。最后，教师总结本节课的内容，并让学生利用电子档案袋的讨论区进行讨论，谈谈上完这节课的感想。

两个不同的教学过程产生了两种截然不同的教学效果。采用传统的教学模式，一堂课下来，效果并不好，教师也累得够呛，班里只有一半的学生完成了任务。而采用栏目式教学，一节课下来，学生和教师都感觉非常轻松地完成了教学任务。整个课堂显得教学思路清晰。所学知识有一定梯度，学生在每个栏目的活动中能力和特长都得到充分展现。大家都感觉很自然地将本节课的知识重点和难点一一攻破。这显示出将难学的知识"打散"，通过栏目教学活动分解消化的教学理念。

（高迎　天津市滨海新区第八中学　七年级信息技术）

案例分析

栏目式教学体现的是在教师引导下的学生自主学习。本例中，教师通过栏目设计，分散了难点，照顾了差异，使每个学生都能"试一试""露一手"，充分调动学习的主动性，培养动手动脑、大胆实践创新的能力。当然，课堂中教师针对学生使用不同方法，组织学生比较、评价，促进学习方法的优化也是很重要的。

在自主合作学习中认识平行四边形

案例描述

通过课前的问卷调查发现，只有1/3学生能认出平行四边形，有个别学生知道平行四边形没有直角，有学生质疑长方形和平行四边形有什么关系。教师利用这种差异作为这节课教学的资源，引导学生质疑，带领他们在活动中探究。

教师要求：请同学们两人为一组，合作研究平行四边形的边有哪些特征，也验证一下你们刚才的疑问"平行四边形的对边相等吗？"（这个疑问是学生在观察导入中提出的）

学生听清要求后，两人一组，拿出教师提供的一张硬些小点的和一张薄些大点的平行四边形纸卡，开始研究起来。

教师在巡视中发现学生根据自己的优势，采取了很多种研究方法。

第一种：有好几个组的学生都拿出直尺进行各边长度的测量，并一一把长度标在相应的位置上。这种方法是用得最多的。（测量是三年级学生已学过的内容。学生很自然地利用学过的知识，用最数学化的方法来验证各边的关系）

第二种：有一组学生把平行四边形先按横中线对折，经过仔细观察交流后，又按竖中线进行第二次对折，很高兴地发现对边重合了。

第三种：有一组学生用硬些的平行四边形纸卡比着在本上拓下一条上边，然后同下边进行对比，又拓下一条左边和右边对比。

第四种：有一组学生用剪子剪下一条上边，与下边进行了对比。当一个学生要剪下左边时，她的同桌制止了她。同桌用剪下的上边同右边比了一下，用铅笔做个记号，再与右边进行了对比。

这些探究的过程，体现出学生各自的差异优势，展示了不同的学习特色，丰富了他们的学习经历，活跃了他们的思维。

以下为各组汇报。

教师说："各组汇报一下你们探究出的平行四边形边的特征，并说说或演示一下验证过程。"一个学生说："我们用尺子量的，上边和下边都是6厘米，左边和右边都是4厘米。我们得出对边相等的结论。"（他说完后，也有学生表示同意）

但有两个组学生高高举起了手。一个学生站起来说："我们组得到的是对边不相等。"没等教师问，他就接着说："我们量的上边是6厘米1毫米，下边是6厘米。"他们刚说完，就有学生举手说："差一毫米没关系的。""那也是差呀，也不相等。"教师说："你们认真的科学态度很值得我们学习，但就像那组说的，在测量时可能出现小的误差，这是容许的。"那个学生点了点头。

当有一个组汇报用折的方法验证对边相等的特征时，有的学生小声议论了一下。教师把他们中的一人叫了起来，问道："你们在议论什么？"学生说："我们觉得这种方法挺好的。"教师说："是的，虽然许多数学知识结果只有一个，但得到这个结果的方法却很多。我们一定要多听同学发言，以拓展自己的思路和方法。"

这时，又有一个组学生说："我们组也用折的方法，但对边没重合。所以，我们认为对边不相等。"这个学生非常认真地说出了不同结论。

教师看到他们只折一次，当然对边没重合。为什么第一次不重合？看学生的表情，有些学生还真不知原因。但教师没有过早干预。停顿了一会儿，有几个学生举起了手。

生1：不能折一次，再折一次，就重合了。

（那个学生露出还是不太明白的表情）

生2：你仔细看，第一次对折后，虽然没重合，但多的部分补到这边少的部分，不就一样长了？！

教师帮他把多的部分剪了下来，补在少的部分上。学生恍然大悟了。

生3：沿对折的线剪下来，再上下重合对比。

生4：可以沿对角线剪下两个大小一样的三角形，再对比。（他边做边进行了演示，还问"大家明白了吗？"）

别说学生，连站在一旁的教师都觉得出乎意料。教师发自内心地评价道："你们能想出这么多好办法，帮他们找出了这样做的道理，真厉害！"教师指着提出疑问的学生说："你更厉害，是你的问题，引出了这么多好方法。"学生在活跃的思维中，都很兴奋，后面对角特征的研究学习就更顺利了。有的组学生用多种方法验证了相同的结论。

教师只有在教学中尊重、了解并有效地组织、开发每一个学生的独特性，才能为学生间的差异资源提供共享的平台。利用学生的差异优势，使他们的思维活跃起来。学生不但掌握了自己的方法，也学会了其他方法。还有的学生在比较中找到别人的方法的优势。这充分体现了因相似而整合思路、由差异而寻找优势。

教师在研究中深深体会到在建构主体活动中展示差异，在交流、对话中整合差异，才能真正创设出民主和谐的课堂。

（黄丽红　北京市西城区椿树馆小学　三年级数学）

案例分析

本例中，学生充分发挥了自己在观察、操作、知识迁移上的优势，展现了多种验证方法。学生的不同思维方式和方法在交流中相互渗透，资源共享。学生不但掌握了自己的方法，也学会了其他方法，拓展了自己的思维。学生的差异资源得到开发与利用。

第七章

同质合作组与异质合作组联合运用

　　差异教学主张课堂上学生以异质合作学习为主，互相帮助共同提高，但当学生认知差距过大时，也主张适当穿插隐性动态的同质合作，满足不同水平学生的发展需要。

第一节　同质合作组与异质合作组的利弊分析

同质组既可以理解为组内学生的水平比较一致，也可指学生是同一类型，如都是听障学生，或都具有某方面特点，如有舞蹈特长。按学生的学习水平分组是同质组的一种形式，又称为分层。

一、同质组教学的利与弊

1.同质组学习的优点。为适应个性差异，对学习者按学习水平分组进行教学，这是一种流行做法。多数分组的目的在于减少一起学习的学习者的差异。可以根据学生的不同情况确定学习的速度、深度和难度，避免学生差异过大、众口难调，从而提高教学的效率。在认知水平较接近的集体里，学生的学习兴趣、动机往往更能被激发。而在差异大的集体中，水平低的学生会有压抑感。当然，不管怎样分组，在同一组内仍然会有差异。教师还是要研究在班集体教学中如何照顾学生的差异问题。当今社会还不能够为每个学生单独配备一名教师。学生一般必须分组听讲，以满足自己的学习需要。

2.同质学校、同质班级、同质小组。同质学校是指在学校层面上对不同类型的学生建立起各种独立的教育机构。在一些情况下，根据身体的特征（通常根据缺陷）选择学生，如盲校、聋校。在另一些情况下，入学标准是学生的才能或能力，如培智学校、重点学校，或重点放在学术方面、专门职业方面，如戏剧学校、音乐学院附中等。

同质班级是指根据学生的才能和能力、兴趣、未来学术和职业计划及一定的社会特征，把他们分在不同班级或采用不同学制，如数学课按学生的数学能力水平分班，音乐美术课按兴趣特长分班。同质组是指将一个班分成快、中、慢三个组分开教学。分层学习是指根据学生的认知水平进行分层。参照布鲁姆教育目标分类理论，可将学生划分为几个层次，在教学的目标、要求、速度、评价等方面区别对待。

在同一学校内可以实施多轨制课程，即学生不是硬性地被指定在单一学制内学习，而是可参与更多学制的学习，所谓"动态走班"，以便更适合学生的能力和兴趣。学生可以以某个班级为主，而数学、英语、体育等课程的学习，可根据自己的水平和意愿分别去不同进度、不同要求的班级学习。当然，这会给学校的课程安排及教学管理带来一定的困难。因此，课程的轨制太多也是不现实的。

3.分层教学的不足。无论哪一类分层都有相关的两类问题，一类是社会政治性的，另一类是技术性的。从社会政治的角度说，把学生按分数的高低安排在不同层次的学校或班级，标签效应明显，尤其伤害后进学生。现在许多国家要求废除专门学校以及在一个学校中实行严格轨道制。当分制学校和按能力分轨制学校减少后，为适应个人差异而调整学习的任务就越来越重地压在教师身上。技术性的问题在于，当学生按某一特征的类似性或相同性分成各组时，他们所具有的、对学习很重要的其他特征还是很不相同的。

笔者主张，在教育公平的理念下，一切要从实际情况出发。当前我国各学校的教育资源还不均衡，在义务教育阶段对于学习水平差距不大的普通学生，不宜采用校际分层；在有良好的师资和接纳环境条件下，甚至轻度智力落后的学生，也可以随班就读，在普通班部分课程对他们也可采用分层教学（班内分层）或个别教学；而中重度智力落后的儿童，随班就读则会有很大困难，适宜在培智学校就读（校际分层）；如果该生处于偏僻山村，附近只有唯一的普通小学，班额非常小，教师又经过这方面的专业培训，也可以让他随班就读（班内分层）。但必须从他的实际情况出发，降低学习层次要求。

二、合作学习的利与弊

这些年合作学习越来越得到教育工作者的重视，学生的合作与互助在教学中得到提倡和加强。

1.小组合作学习的优点。小组合作学习一般指不同水平与能力的学生组成异质小组，学生间相互合作，满足不同的学习需要。

对于成绩优秀的学生，教师希望他们能更好地协助教师去帮助其他同学。他们经常会在合作学中担任小组长或骨干的角色。优秀学生对所学知识的深刻理解、学习特点、思维方式也能给其他同学启发。在帮助其他同学的过程中，优秀学生自身的认识水平、合作精神、合作能力也能提到提高。在合作学习中学生学会和其他同学平等对话，给其他人发言的机会，学会和其他同学分享成果，学会从别人的发言中获得有价值的东西，不追求唯一答案，而是和其他同学共同加深对有关学习问题的理解。在合作过程中，学生的集体意识、组织能力、社会适应能力以及良好的心理品质等得到提高。

2.异质合作小组的不足。采用异质合作学习的形式，要防止其他组员过多地依赖优秀学生。在合作学习中，水平好的学生可能很快有了解决问题的方案，而困难学生还未进入角色，过早的合作会使一些学生失去了独立思考的机会。

在实践层面也常遇到这样的情况，合作学习的问题对部分学生是合适的，但对高水平学生并没有挑战性。这些学生只是在不停地帮助别人，但自己并没有什么提高，时间长了，会感到厌倦。而有的学生一直在接受别人的帮助，逐渐失去了自尊。

我们既要防止同质分层学习带来的标签效应，也要防止单纯采用异质合作学习的方式，对高水平学生缺少挑战。

差异教学案例

不一样的接力跑

案例描述

一、教学目标

1.运动能力：能够运用正确的接力方式完成接力跑练习，同时积极参加游戏练习，用不同的接力方式完成挑战。

2.健康行为：发展身体的协调性和奔跑能力，培养乐观自信的精神面貌。

3. 体育品德：培养热爱集体、团结互助、积极进取的优良品德。

二、教学重点难点

教学重点是掌握正确的接力跑动作要领，做到直线快跑、右手立棒式错肩传接棒。教学难点是掌握传接棒的时机和配合方法，正确运用立棒式接力方式完成接力。

三、教学对象分析

本课的核心是面向所有学生，尊重学生之间差异，针对学生的不同需求，实行"分解—整体—分解"教学模式。四年级学生正处于生长发育的关键期，他们好奇心强、活泼好动、模仿能力强。他们整体素质较好，便于课堂的组织调动和知识的传授，但也存在着个体差异。他们运动技能一般，主要表现为耐力素质差、动作的协调性较差、上下肢配合还不连贯。因此，本课拟通过比赛、专项准备活动、辅助教学以及层次性教学，来帮助学生掌握技术动作，培养学生的团结合作能力。

四、教学过程（片段）

1. 学生两个人一组练习原地接棒。一名学生原地摆臂练习，另一名学生做好接棒动作，配合音乐练习接棒，当听到音乐中出现哨声的时候迅速传接棒。教师及时关注学生传接棒方法，及时纠错。

2. 互换位置，原地小步跑传接。一名学生原地跟随音乐做小步跑动作，当听到音乐中哨声响起时迅速传接棒，完成接棒后迅速互换位置。要求接棒学生必须接到棒以后才可以移动，否则视为犯规。

3. 短距离练习。同样是分组练习，两个人之间拉开3~5米的距离，通过上述练习方式完成练习。教师及时关注学生错肩问题，同时指导传接棒时机和配合。

4. 长距离练习，增加挑战难度。1组、2组走到第1道线后端，3组、4组学生走到第5道线后端，两两对齐。听到哨声后，第1组学生快速传棒给第3组，第3组学生接到棒之后传给第2组，第2组学生传棒给第4组。注意交棒方式、方法以及返回路线，同时要求接棒学生必须等到接到棒之后才可以离开起点，否则视为犯规。

5. 拓展：侧身接力。教师讲解并示范动作。学生原地集体练习3组后，各自走到对应线上，听到哨声后完成练习。第1组学生传棒给第2组，第2组传棒给第3组，第3组传棒给第4组，第4组跑到终点。要求最先跑到终点的学生举棒示意。

6. 集合，要求学生4人一组自己选择线路，并要求跑第1道学生拿接力棒。第1组学生传棒给第2组，第2组传棒给第3组，第3组传棒给第4组，第4组跑到终点后返回交棒给第3组。以此类推，待所有学生回到原点后游戏结束。最先回到终点的学生举棒示意。

7. 游戏"全员总动员"。

8. 伴随音乐《一路生花》的节奏，师生放松练习。

（执教：李小亮　指导：刘昶麟　扬州育才实验学校　四年级体育）

案例分析

本例中教师安排学生进行不同形式的伙伴合作、小组合作的练习。教师可以有更多的时间关注学生练习情况。练习可以持续，不会因为教师的干预而暂停，保证了学生的运动强度。同时，练习更加富有挑战性。练习形式的改变也极大地提高了学生的运动兴趣，加强了学生的运动能力，培养了他们的团结互助的体育品德。

第二节　同质合作组与异质合作组的联合运用

在小组学习中，有的将水平接近的学生编为一组，进行分层学习；有的将不同水平的学生编为一组，开展合作学习。但这两种做法各有利弊。我们需要对它们加以改进，并联合运用，以取得最佳效果。

一、隐性动态的同质分层

教学中要倡导隐性分层、动态分层。哪些学生处于哪个层次水平，教师应心中有数，以便对他们提出适当的要求，因材施教。但这个层次信息对外是不公开的，更不会依此给学生排队。学生的差异既包括现有水平的差异，也包括潜在水平的差异。因此，要动态地、发展地看待学生水平的差异，灵活加以安置。只要证实学生有了进步和兴趣，就允许他们从一个小组转到另一个小组。要帮助学生不断认识自我、开发自我，鼓励学生不断跃升。另外，教师要给学生提供弹性可选择的学习内容。学生参加哪组的学习，应在教师指导下自己选择，而不是由教师指定，以减少被动分层的标签效应。

二、优势互补的异质合作

采用异质合作学习的形式，要尽量做到优势互补，让不同特点的学生互相影响、互相帮助，都能得到较大进步。既要鼓励高水平的学生帮助困难学生，也要防止其他组员过多地依赖高水平学生。

学生的合作、互助可以是随机的、非固定的形式，也可以有相对稳定的组织形式，如相互结对或组成合作小组。合作成员可以水平比较接近，也可以有较大差异。我们的教育教学应该给学生提供相互合作和帮助的机会，并鼓励学生积极合作和相互帮助。

为使小组合作学习获得成功，教师应事先做好教学前的准备，对合作学习精心设计，尤其要处理好学生活动和教师有效指导的关系。

三、同质合作组、异质合作组的合理运用

设计小组合作学习时，一般情况下，在课堂教学中应更多采用互补合作的小组形式，鼓励学生互相帮助，取长补短，合作共进。

在安排异质合作学习的同时，需要考虑与学生的独立学习，以及不同层次学生之间的合作学习恰当结合的问题。大部分人只有在需要帮助时才寻求合作。

学生也常需要独立学习，他们往往也有自己独特的学习方法和思维方法，需要学会独立思考。要适当结合同质组的学习，防止单纯同质组学习带来的标签效应，或单纯异质合作学习对高水平学生缺少挑战的问题。

安排的合作学习内容应是开放的，可有多种水平的答案的问题，或需要共同探究规律的内容，或有利于培养批判思维的问题等。这时在合作中会有许多不同的观点、不同的经验，这对每一个学生包括水平高的学生是有益的。而那些围绕巩固性的、练习性的内容就不宜过多让高水平学生和其他同学合作。美国学者苏维雅·瑞姆认为在做重复练习任务时，最好将天才学生单独放在一起做更难的工作，其他学生可以分成各个异质小组，每个小组中安排一位能力强的学生，但不必是天才学生。她还打比方说，就像高山滑雪，看技艺高超的人从陡峭斜坡下滑，不如看新手摔倒而毫发未伤，后者更能增强滑雪的信心。

高水平学生有时也需要和其他同类型的学生组成同质学习小组，共同合作。他们会有许多共同语言，彼此找到自我的价值，分享合作的经验。因此，我们不能只是让高水平学生在普通异质小组中当"小先生"，而忽视了有共同相似经验的合作。特别当普通小组的任务是做重复练习时，或高水平学生的拓展内容与其他同学学习内容难度相差很大时，就应让高水平学生相对集中，合作学习更难的内容，完成他们单独无法完成的任务，并产生高水平学生在一起相互学习、竞争、合作的群体教育效应。如果我们在教学中能根据教学的内容和要求，以及学生的不同情况恰当采用同质合作组或异质合作的小组形式，并联合运用，便能发挥两种小组形式各自的优点，最大限度减少标签效应，同时充分利用学生的差异资源。

差异教学案例

基于小组合作的差异教学

案例描述

教学中，教师以学案为载体，以小组合作为基本课堂形式，融入差异教学的相关策略。学案分为两部分，第一部分是课前部分，由学生于课前预习教材后完成；第二部分是课中部分，由学生在课堂中完成。具体教学过程如图1所示。

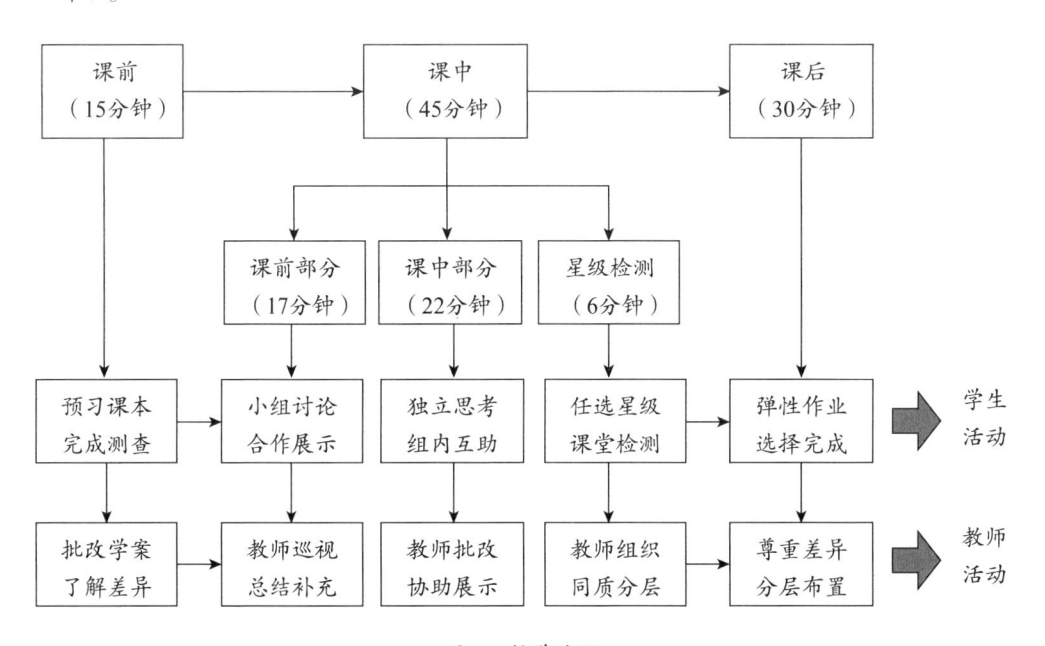

图1 教学过程

一、课前测查，了解差异

学生通过预习教材并完成测查题，经历二次根式概念的发生过程，尝试在简单情况下求根号内所含字母的取值。

（一）二次根式的定义

1.（1）一个圆面积为 2π，则半径为＿＿＿＿。

（2）一个直角三角形，直角边分别为 3 cm 和 x cm，则斜边长为＿＿＿＿cm。

（3）面积为（a−2）cm² 的正方形，边长为＿＿＿＿cm。

（4）面积为 b cm² 的等腰直角三角形，腰长为＿＿＿＿cm。

归纳：观察以上 4 个代数式，它们的共同特点是＿＿＿＿。

定义：像这样表示＿＿＿＿的代数式叫二次根式。

2. 思考：根据二次根式的定义，二次根式根号内字母的取值范围必须满足被开方数＿＿＿＿。

（二）二次根式有意义的条件

3. 求下列二次根式中字母的取值范围：

（1）$\sqrt{a+3}$；　（2）$\sqrt{-3x+4}$；　★（3）$\sqrt{x^2+4}$；　★（4）$\sqrt{\dfrac{-2}{2+3x}}$

归纳：求二次根式中字母取值范围的主要依据是：（1）被开方数；（2）分母中有字母时，要保证分母＿＿＿＿。

课前测查反馈如图 2 所示，第 1 题的第 4 小题错误率较高，第 3 题的第 3、第 4 两小题错误率较高。

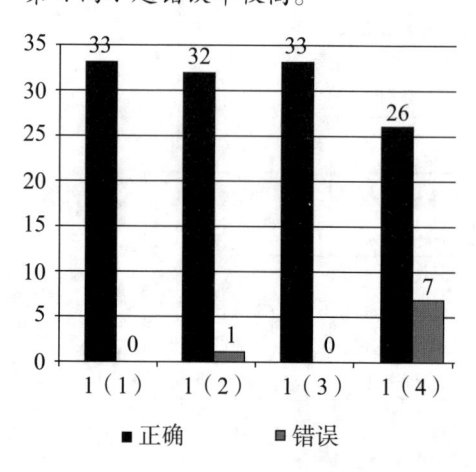

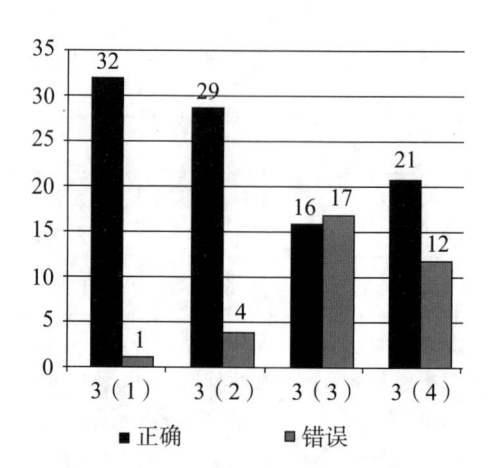

图 2　课前测查反馈

二、异质分组，课中合作

（一）小组讨论，合作展示，解决课前测查错题

1. 环节 1：小组讨论，任务分配。（用时：约 7 分钟）

师：请同学们以小组为单位，讨论并解决课前测查中的错题，请重点讨论

及解决第 1（4）题和第 3（3）（4）题这 3 个小题。

（教师巡视，分配任务）

师（到组内说）：第 1 组，请你们讲解第 1（4）题，并引出二次根式的定义。第 2 组，请你们讲解第 3 题的（2）（3）（4）小题，并明确二次根式有意义的条件。

2. 环节 2：合作展示，教师总结。（用时：约 10 分钟）

（1）第 1 组展示。

生 1：大家好，我代表第 1 组进行展示，讲解二次根式的定义，请大家看一下课前测查第 1 题的第 4 小题……

师：由此，二次根式也是因为解决实际问题而产生。二次根式是表示算术平方根。我们可以用 $\sqrt{a}$ 来表示二次根式，a 可以为一个数，也可以为一个式。那么除了被开方数是 $a \geq 0$ 之外，$\sqrt{a}$ 的结果又有什么范围呢？（双重非负性）现在我要来考考你们，能不能在以下代数式中辨别出二次根式？

（呈现 PPT 题目，略）

（2）第 2 组展示。

生 2、生 3：大家好，我们代表第 2 组进行展示，讲解二次根式有意义的条件，请大家看一下课前测查第 3 题的（2）（3）（4）小题……

生 3：因为（3）（4）小题错误率较高，所以我们出了 2 个变式题（略）。请同学们思考一下，举手回答……

（待这 2 个变式题解决完之后）

师：二次根式有意义的条件要满足被开方数 ≥ 0，在求二次根式中字母取值范围的过程中，我们要对被开方数进行分类讨论。

若被开方数是一次整式，则直接列出一元一次不等式，转化为解不等式，如第（2）小题；若被开方数是二次整式，因无法解二次不等式，则转化为研究代数式的相关性质，如第（3）小题；若被开方数是分式，因无法解分式不等式，转化为研究分子分母同号，转化为解一元一次不等式，如第（4）小题。

（二）深入探究，组内互助，展示课中探究结果

1. 环节 1：深入探究，教师批改。（用时：约 7 分钟）

学生先独立思考，尝试解决学案上"课中部分"的二星题和三星题，教师

在巡视过程中对提前完成的学生进行批改。

2. 环节2：组内互助，共同探究。（用时：约5分钟）

师：请同学们组内讨论，解决"课中部分"的这3题。

（教师巡视小组讨论情况，并分配展示任务）

师（到组内说）：第3组，请你们讲解第4题。第4组，请你们讲解第5、第6题。

（因为题目有一些难度，教师重点关注这2组讨论情况，并给予适当的帮助）

3. 环节3：小组展示，师生合作。（用时：约10分钟）

（1）第3组展示。

生4、生5：大家好，我们代表第3组进行展示，请大家看一下第4题……

（2）第4组展示。

生6、生7：大家好，我们代表第4组进行展示，请大家看一下第5题，第6题……

设计意图：课堂中主要讨论并解决2个板块：第1板块是学案"课前部分"的课前测查题，测查题难度不大，面向全体学生，由学生课前已经完成；第2板块是学案中的"课中部分"，是稍有难度的星级题，面向学习能力中上的学生，由学生当堂完成。这样的设计也体现了差异性，尊重学生学习能力的不同。教师秉承将课堂的主动权还给学生，让学生站在课堂的正中央的教学理念，融入差异教学，本着"学生先行，交流在中，教师断后"的教学宗旨，将教师由原来课堂的主导者变为课堂的组织者、引导者。因此，第1板块的处理方式是先通过小组合作的形式，让学生充分讨论并总结错因，再由2个小组派代表进行讲解，其他组补充，教师总结；第2板块的处理方式是由学生在课堂中先独立思考完成，教师巡视批阅，再通过小组合作的形式，学生互教，教师适当介入提供帮助，最后由2个小组派代表进行讲解，教师适时介入补充，提供帮助。

三、同质分层，星级检测

课堂的最后环节，剩余约6分钟，设置了当堂检测，检测学生的课堂学习效率。为了尊重学生学习能力的差异性，设置了分层检测。学生可任选一个星级的题进行当堂检测，学习能力较弱的学生可选择一星题，学习能力中等的学生可选择二星题，学习能力较好的学生可选择三星题。星级题考察的知识点都是一样的，只是难度随着星的增多而增大。

在学生完成任一星级的当堂检测后，教师通过PPT公布答案，由学生先对照答案批改，再进行动态分组，选择同一星级的学生自动聚拢到教室指定区域进行讨论，解决错题。

教学反思：教师在阅读差异教学相关论著的时候，关注到"隐形动态分层与互补合作相结合""大面积及时反馈与调节教学"等策略。因此，教师将传统的当堂检测改成了星级检测，每一星级的检测，在难度上有差别，但是考察的均为本节课的重点。学生可自由挑战任一星级。将选择的权利交给学生，既尊重了学生的差异性，又激发了学生的学习积极性，将枯燥的应试检测变成了一次自我挑战的机会。在学生完成检测后，原本固有的显性异质分组被重新打乱。学生根据选择的星级题重新成团，同质分层，共同讨论错题。课堂不拘一格，由原先的小组互补合作到动态分层。

（郑男　浙江师范大学杭州笕桥实验中学　初二数学）

案例分析

本例在二次根式的教学中，教师以学案为载体，通过"课前测查，了解差异""异质分组，课中合作""同质分层，星级检测"，较好地完成了教学任务，促进了学生素养的提升。

《乘法综合练习》一课的同伴合作

案例描述

一、教学目标

进一步理解乘法、倍等概念；应用乘法知识解决简单的实际问题，经历收集数学信息—提出问题—解决问题—检验的过程；通过两人互问互答、互相质疑、互相辩论，提高学生合作技能，培养学生的合作精神。

二、教学过程

上课伊始，教师创设了游"数学智慧园"的情境，不同层次的练习随着"基础闯关""送信乐园""小赛场""拓展训练营"等景点依次展开。

"基础闯关"是关于乘法意义的基本练习：求五行四列的星星共有多少个？学生有横向观察和纵向观察两种不同的方法。教师在明确问题后，先由学生独立做题，做完后再由学生之间互相问一问"你是怎么数的？"，使持不同观察方法的学生在交流中拓宽思路。

"送信乐园"是通过对"信封"上题意的辨析，把"信"分别投到与"4×2"或"4×4"意义相同的"信箱"里。本环节采用独立思考后互相质疑、互相辩论的学习方式。学生独立做题后，互相检查，发现对"2个4相加，2和4相加，2个4相乘，2和4相乘"的意义理解存在歧义，于是互相说出自己的理解，都想说服对方，辩论就此展开。

"小赛场"是针对学生水平差异的一种弹性作业设计。A、B两组的题型一样，但A组基础题多，提高题少；B组正相反，基础题少，提高题多。学生观察两组题后，根据自己的水平自由选择挑战的题组，在规定时间内正确完成的就是挑战成功。这为不同水平学生通往成功搭建了平台。

"拓展训练营"是以合作学习方式互相当"小考官"和"考生"。教师先呈现一幅情境图，由"小考官"根据图中的数学信息提出数学问题。"考生"阅读问题后，找出解决问题所需要的已知条件，并圈出来，然后列式解答，解答完后交给"小考官"，请"小考官"批改。"小考官"不仅要看算式是否正确，还要问他为什么这样列式，以了解"考生"是否明白算理。在这一环节中，合作小组是动态形成的，先提完问题的学生要自己寻找合作伙伴。因此，速度和水平相当的学生易组成合作伙伴。

整节课既有独立思考，又有独立思考基础上的合作学习，学生学习兴趣高昂，思维在辩论中不断提升。在总结环节，许多学生都表达了对合作学习的喜爱和合作学习带来的收获。例如，有的说学会了为什么要这样列式；有的说知道了怎样当"小考官"出题和批改。而本节课的同伴合作学习之所以有效，主要得益于以下两点。

1. 明确的合作程序。每一个环节，教师都将合作学习的程序简单明了地告诉了学生。例如，在"送信乐园"环节，基本程序是：独立思考做题—交换答案互相质疑—互相说出理由—接受建议更改答案或互不接受对方意见，提出由老师集体讲评；"拓展训练营"的基本程序是：独立根据已知信息提出数学问题—同伴交换解决问题—同伴交换评价。

2. 展示学习过程和反馈结果。本节课在多个环节不仅有学生学习结果的反馈，更有学生学习过程的展示。例如，"送信乐园"中，提出有疑问的题，并说明各自的理由；"拓展训练营"中，学生展示自己提的问题，询问"考生"解答的方法原理。这样将学生合作学习的过程在全班演示，不仅是教师了解学生学习情况的一个手段，更是展示学生合作技能的一个平台，提高学生合作技巧的一条途径。

（李柏华　广州市越秀区东风东路小学　二年级数学）

案例分析

本例针对学生思维发展水平及知识基础存在较大差异的特点，主要采用了同伴合作学习的策略（以异质合作为主、异质合作与同质合作相结合），通过同伴互相质疑、互相辩论等交流手段，促进学生的思考与理解，让每一个学生都在原有基础上得到发展。

大运河歌谣

案例描述

小学六年级音乐课《大运河边的歌谣——李玉莲调》上，学生来自不同的班级，对音乐的理解和感知能力存在差异。为了更好地满足每位学生的学习需求，教师采用差异教学，以促进学生的个性化发展。

在教学过程中，教师首先通过观察、交流和评估，了解每位学生的音乐基础、兴趣和优势。根据学生的差异特点，教师将学生分为不同的小组，使每组学生的学习需求和特点相近。针对不同小组的学生，教师采用了不同的教学方法和教学资源。例如，对于基础较差的学生，教师采用直观的教学方式，通过示范、讲解和练习，帮助学生掌握基础的音乐知识和技能；对于基础较好的学生，教师则采用启发式教学方式，引导学生自主探究、创作和表现。在教学过程中，教师还注重学生的合作学习和交流。学生可以互相学习、互相帮助，分享彼此的音乐体验和感受。同时，教师还鼓励学生积极参与课堂活动，提出自己的意见和建议，不断完善教学方法和内容。

一、预学查异

师：同学们，你们知道大运河吗？

生：知道。

师：在现代大运河的全称是什么？

生：京杭大运河。

师：顾名思义就是上至（北京）……下至（杭州）……。

生：大家好，我是你们的小导游子馨，今天我为大家介绍一下运河展馆。我们来看一看，红色的部分就是隋唐大运河；大运河的中心是东都洛阳；北边到达现在的北京，南边到达杭州；有四段人工河渠，分别是永济、通济、邗沟和江南河。那你们知道四段河渠中：哪一段是最先开凿的呢？没错，就是邗沟，又叫里运河，我们的扬州就在这儿。公元前486年，夫差修建邗沟，南起扬州，北至淮安，实现了长江与淮河两大河流的连通，这也是我国历史上开凿最早的人工运河。

评析：让学生了解大运河知识，同时调动学生的学习兴趣，以小导游的方式感受里下河的地理位置与重要性。

二、初学适异

师：谢谢子馨同学（掌声）。通过子馨的介绍，我们了解了这么多大运河知识。还记得课前给你们布置的预学单吗？我们一起来看一看。

师：大运河分为几段河渠？最先开凿的是哪一段？

生：四段，最先开凿的是邗沟，又称里运河。

师：里下河地区属于大运河流域吗？

生：属于——

师：看来同学们预学得真不错！里下河地区雨水充沛，农业发达，这里也被称为"鱼米之乡"。我们一起来看看，当地人民都在干些什么？

律动，解决二声部。

师：你都看到了哪些劳动场景？你能模仿一下吗？

师：你观察得真仔细，模仿得也很像。大家一起来做一做！

师：除了××，还有吗？

师：对啊，你能模仿一下××的动作吗？

师：真好，大家一起模仿一下。

师：同学们的模仿能力真强！里下河的渔民干活真辛苦。我为他们编了一段劳动号子，让我们先来认认音、唱一唱。

师：音准真棒！大家一起来唱一唱！

师："嘿呦"两个字，哪个唱得更突出点呢？

师：再加上动作试试。

师：把旋律结合起来，加上动作试试。

师：你们表演得真棒！让我们跟着伴奏，喊着号子，加上动作，一起感受一下劳动人民的不易。（伴奏）

评析：课中让学生自己找出本首歌曲中节奏、旋律的特点，对于学生更好地掌握这首歌曲效果更好。用讨论、模仿等方式学唱劳动号子并加入动作，为最后的合唱环节打下基础。通过认音、模唱等方式熟悉二声部旋律，并解决二声部难点。

三、研学导异

1. 初听歌曲。

师：同学们号子喊得真带劲。听！渔民李玉莲也跟着唱了起来，听听她都唱了些什么？（听歌曲）

师：你都听到了什么？

生：货满船、鱼满舱，城乡交流运输忙，劳动人民欢乐忙碌的情境。

师：民歌起源于劳动，它经广大群众的口头传唱流传至今，它是人民智慧的结晶。而运河边的歌谣更是数不胜数，《李玉莲调》就是这样一首家喻户晓的苏北民歌。

2. 再听歌曲。

师：我们再来听一听音乐，跟着音乐来画一画旋律线。

师：旋律线像什么？

生：大运河里的波浪。

3. 三听歌曲。

师：你们觉得哪里比较难唱呢？

生：一字多音。

师：确实，一字多音很难唱准确。那我们再听一听这首歌，找一找这首歌当中一共有几处一字多音呢？（听）

师：一共多少处呢？

生：12处。

师：同学们找得真准确。咱们先一起用"la"模唱一下，注意这些一字多音的地方。

师：12处一字多音当中，你们觉得哪些是最难唱的？

生："光、扬、畅"。

4. 解决难点。

师：那这3个字咱们单独来唱一唱，谁来唱谱？我们一起模唱一下（先听），再加词来试一试。（指名1~3个学生唱）

师生配合唱，分上半句、下半句。

评析：利用提问的方式解决歌曲难点，并通过演示的方式，让学生一起跟着感受节奏的韵律特点。

5. 齐唱。

师：同学们学得真不错。我们完整地演唱一下吧，身体坐正！（琴慢）

6. 情绪引导。

师：这首歌曲表达了什么？

生：表达了劳动人民欢乐忙碌的场景，也体现出大运河的重要性。

师：我们应该用怎样的情绪演唱呢？

生：欢快。

（跟琴快速唱）

7. 再唱歌曲。

师：让我们怀着赞美的心情，跟着原唱唱一唱这首歌。

师：再跟着伴奏试试。

师：唱得很好。加上我们之前设计的动作就更棒了。谁先来试试看。

师：1、2、3、4组演唱5、6组劳动号，我们一起合作表演。

评析：充分发挥师生合作、生生合作、小组合作的优势，让学生体验音乐、参与音乐。可以将能力较强的学生放在二声部，能力较弱的学生唱一声部。

四、拓学展异

1. 师：同学们唱得真棒，把李玉莲心中所想都表达出来了。里下河的风光真美，语言也是独一无二的，方言就更有意思了。想一想，这些词用扬州话该怎样讲？谁来读一读。

师：读得真好。我们加上快板用扬州话来试试。

师：唱得很好，我们再来分组，1、2组喊劳动号，3、4、5、6组演唱。

2. 师：唱完《李玉连调》，我想同学们对民歌有了更深的了解。其实，咱们学校也结合大运河文化创作了一首歌曲。我们一起来听一听《种大麦》。

师：里面都唱了些什么？都有哪些场景？

生：扬州三把刀。

3. 师：运河文化源远流长，大运河就像一颗璀璨的明珠，照亮着当地的百姓。作为运河的儿女，我们需要传承大运河文化，让运河之水生生不息。

评析：本环节学生通过不同的方式感受歌曲的魅力，同时提升自己的音乐素养。

（执教：朱嘉欣　指导：董雪　扬州育才实验学校　六年级音乐）

案例分析

本例中教师针对学生的个性化需求和学习特点，通过分组教学、不同教学方法和资源的运用，以及合作学习的方式，引导学生从感受苏北民歌的特点，体会歌曲节奏的特点，找出旋律相同和相似的乐句，一环接一环让学生掌握了歌曲，促进了学生的音乐素养提升。本节课也较好地体现了该校提炼总结的四环节的差异教学课堂模式。

第三节　合作学习的组织、设计与培训

合作学习的运用要基于学习内容的性质和特点，还要考虑学生的实际状况等多种因素。

一、合作小组的建立与组织

建立合作小组是合作学习的前提和基础。合作学习的分组原则是小组间水平相近，组内成员虽各有差异，却有互补作用。分组时，可以先按学生学习程度粗分，使各组水平比较接近，便于组间公平竞争。小组规模一般 3~5 人为宜，人员过多，学生参与机会就少了；小组人数过少，也达不到合作的效果。小组划定后，要相对稳定，以利于同学间合作。经过一段时间后，可重新分组，使每个学生都有和班上其他同学合作的机会。

组长的挑选，要考虑到其学业成绩、同学关系、能否以身作则和组织才能等方面。组长也可采用轮换制，给每个人以改变角色和锻炼的机会。组长的职责是给组员发放材料，领导组员活动，分配组员任务，综合大家意见，代表组员与教师或别组联系等。

在合作小组建立时，就要考虑不同优势的人互相搭配，如有的擅长语言表达，有的擅长操作等。学习中，为使组员间建立起积极的相互依赖关系，教师可以采用以下措施：

1. 交给小组的任务，分成若干部分，必须由每个成员完成其中一部分，任务才能完成；

2. 给每个成员安排不同角色，使之互补，如有的负责记录，有的画图，有

的准备发言，有的负责检查等；

3. 教师考核小组成员时，以小组的平均分作为每个人的成绩；

4. 当小组成员都达到某一标准时，才给每个人以奖励；

5. 以小组为单位开展学习、竞赛或游戏活动。

编排小组座位时，应尽量让组员靠近坐，以利于共同使用学习材料，小声交换意见，或用眼光彼此交流。要考虑到小组既活动方便又不影响其他组。

二、小组合作方式及设计

小组合作学习的方式有很多，不同的方式有不同的结构，实施步骤并不完全相同。

1. 小组讨论式。小组讨论是合作学习中用得最多的一种，在小学、中学、大学的教学中都可采用。随着年级的升高，教师在小组讨论中控制越来越少，学生独立自主学习日益增多。小组讨论有多种形式：问题式讨论——教师提出问题，学生围绕问题讨论；循序式讨论——学生先看学习材料或视频，在指定地方暂停一下开展讨论，再继续；实例讨论——教师给出实例，由学生讨论分析，并提出解决方案；马蹄式讨论——学生分组合围坐，而小组排列成马蹄形，缺口对讲台，就特定任务进行小组讨论，再全班讨论；自由式讨论——讨论的题目和方向主要由学生小组控制，教师只对辩论中异常问题或不相衔接情况加以评议；联想式讨论——每个组员充分发挥自己的想象，广泛联想，互相搭载，对提出的看法深入讨论；话剧式讨论——课堂上虚构情境，按"脚本"进行讨论；内外圈讨论——小组半数人围成内圈，另半数人围成外圈，外圈人观察内圈讨论，可用于小组学习评价等。

在中小学课堂教学中开展小组讨论有以下要点。

①应当围绕教学中的重点、难点内容开展讨论，以便集思广益、加深理解。

②精心设计讨论问题。问题设计的水平，直接影响讨论的质量，问题深度要适当，有启发性、争论性。

③创设讨论的情境，调动学生讨论的积极性，要让学生在讨论中有一吐为快、呼之欲出的激情。

④提供学生讨论的素材，让他们有话可说。

⑤组长控制好讨论的速度，防止讨论偏题。

⑥讨论中要保证人人参与，必要时采用滚雪球式讨论。

⑦讨论的结果应使组内每个人都能回答。

⑧对小组讨论的结果应进行画龙点睛的评价。

教师要以平等一员的身份参与学生的讨论，及时发现讨论中的问题，做出相应调整，并促使每个学生都积极主动地参加讨论。

2. 切块拼接式。这是将学习材料切块分成几部分，由组内成员各认领其中一部分（也可以是同样的学习材料，但要回答不同的问题），然后不同小组中学习同样材料的成员拼接组合到一起讨论学习材料，接着再回到各自小组去，将这部分内容教给其他成员。切块拼接式有利于调动学生学习的主动性，体现学生在学习中的主体地位。学生在学习中紧密依靠，互相合作，学习能力得到发展。

使用这种合作方式的要点有以下方面。

①要选择合适的学习材料，既便于切块，其难度又适合学生学习水平。

②指导学生学习方法（自学或集体学）。

③对学习内容进行测验，根据测验结果进行矫正，并对总分达到一定标准的小组进行奖励，以促进学生合作的进一步改善。

3. 任务分工式。这是先由小组个人习作完成任务，再综合每个人的完成结果，从而完成小组任务。这种形式有利于培养学生个体的责任。每人都必须对小组承担责任，只有每个人任务完成好，小组任务才能完成好。

使用这种合作方式的要点有以下方面。

①选择的任务要便于分解为个人习作，或让学生扮演不同的角色。

②分工时要考虑到组员的水平和能力的差异。

③分工要明确，相互也要有合作帮助。

④对困难学生要指导学习方法。

⑤角色分工要注意角色轮换，给每个学生以不同锻炼机会。

4. 作业互助式。这种合作形式，是先由组员按自己水平和进度完成一定数量作业，组内再互批互评，使每个组员都能很好地完成其作业。笔者曾在实验班采用了此法，取得较好效果，使用这种合作形式的要点有以下方面。

①个人完成的作业应适合其水平和学习进度。

②组员各自独立思考完成作业，不能依赖他人。

③组员互批作业后，相互帮助，教会对方学习的方法，而不是只教结果。

④以每人都完成作业任务为小组活动的目标。

⑤对互助效果要进行评估、奖励。可以每周统计各个学生的作业量及正确率，当小组完成的作业量和正确率达到一定标准，就进行奖励。

5.学生小组成绩分工式。学生在听完教师讲课后，分组学习，再独立参加测验。每个学生的测验分数记入小组团体总分，每个学生对小组分数的贡献，是由该生该次测验分数超过自己过去测验平均分数部分决定的。这种记分制的优点是：不管每个学生原来学习基础如何，只要积极努力，都能为自己的小组做贡献。在这里起作用的是学业的进步，而不是学业的成功。为了激励能力强的学生，特别是优秀学生坚持合作学习，对得分一直在90分以上的学生也给予奖励分，奖励分可以和小组中进步最大学生获得提高分一样多。每周通报表扬高分的组、大幅度超平时总平均分的学生和考卷优秀的学生。

当学生还缺少小组合作的经验时，小组以人数少些为宜。在低年级我们主张更多采用伙伴学习的形式。伙伴合作可以看作小组合作的特例。教师要对伙伴合作进行指导和激励。在伙伴合作中，有的学校采用捆绑式评价。例如，鞍山市某小学教师，在合作学习中让有一定辅导能力的优等生与后进学生结成一帮一的对子，结成对子后，在课上或课后及时辅导并定期进行捆绑式的评比，给予奖励。有一次，教师检测后进生词语听写，事先给了他们检测的范围，也给了他们一定的辅导时间。优生积极地辅导，后进生也努力地学习。通过这样的活动，后进学生有了很大的变化，现在能主动写完作业，并找优生帮其批改，上课也能主动发言，成绩提高很快。

小组合作学习还有许多其他形式，有待进一步研究和实践。合作学习的精心设计直接影响合作学习的效果。笔者曾观摩了一节碳酸钠和碳酸氢钠的鉴别课。教师通过课前表格式的学习单引导学生自主学习。课堂上，学生6人一组实验探究，先设计鉴别方案步骤，再实验操作，每个小组都得出几种鉴别方案，然后推派代表在全班交流，比较方法的优劣。全课都是学生在教师的引导下自主学习探究，取得很好的效果。但美中不足的是，在学生分组活动时，每组都有1~2个"旁观者"，既没有设计方案，也没有实验操作，而是等待小组的结果。我们可以精心设计以下小组活动步骤。

①每个学生独立设计鉴别方案，至少一个，鼓励多个。

②当组内每个学生至少设计出一个方案（有困难提供帮助）后，才开始实验操作。

③设计出相同方案的两个同学合作进行该方案的实验操作，其他同学观察现象，给出解释与结论。

④组内交流，比较各方案优劣，推出小组代表。

这样就能保证人人参与，每个学生都有独立思考、探究、操作的机会，在合作中又进一步得到提高。

三、合作学习的培训

如果学生对合作没有正确的态度，小组学习就难以达到预期效果。教师要让学生明白合作是成功的需要，合作的关键是人与人的协调，要正确看待自己和别人。要着重培养学生具备以下态度。

1. 学习积极主动，勤于思考，不依赖教师和其他同学。

2. 乐于助人，优势互补，强弱相助。

3. 虚心学习，专心倾听别人发表意见，不随便打断别人发言，人人机会均等。

4. 敢于发言和质疑，不同意见一定要讲出来，并说明理由。

5. 服从领导，讨论时要轮流发言，说话声音要轻，不大声喧哗。

除了培训合作学习的态度，还要培训合作交往的技能，如组长如何主持讨论，任务分工如何照顾差异，同学间发生争执如何处理，每个组员在别人发言时应如何倾听并批判性思考，有不同意见如何发表，必要时如何争取别人的帮助，等等。

差异教学案例

Reading Seasons of the year 合作学习与学习指导

案例描述

一、Learning aims（学习目标）

1. After reading, you will be able to read and understand the poem. 阅读并理解这首诗。*

2. Through reading, you can learn to find beauty by appreciating the poem. 通过欣赏诗歌，学会发现美。**

3. After reading, you try to show the beauty of the poem. 阅读后尝试展示诗歌之美。**

二、Teaching procedures（教学过程）

（一）小组预学检测展示

1. 学习指导：

（1）独立完成，预习本课重点单词短语；

（2）组内互帮，核对答案，组长检查指导；

（3）本组同学一起站起来回答，回答正确加2分。

2. 检测题：

到处是…… _____   忘记生长 _____

飞向远方 _____   在花间玩耍 _____

躲避…… _____   ……的甜美回忆 _____

吃冰激凌 _____   树叶变黄 _____

收割庄稼 _____   温度下降/上升 _____

（二）同伴助学探究

*Task 1：Seek/Look for the beauty of the seasons 寻找美 ***

1. 学习指导：

（1）独立默读诗歌，找出问题答案；

（2）组内核对答案，组长检查指导；

（3）随机抽选回答，回答正确加1分。

2. 探究题：

Which season is full of snow?

Why is Spring a perfect time to fly a kite?

How does the weather change when autumn comes?

What can people do to feel cool in summer?

Task 2：Enjoy the beauty of the poem 欣赏美 **

1.Winter.

（1）学习指导：

①独立默读诗歌，用笔圈出其他3首诗中的意象、韵律、修辞；

②小组合作交流找到的答案，并达成一致，组长检查指导；

③写在小黑板上，分组展示，3节，3次机会，回答正确加3分。

（2）探究题：

① The beauty of the images. 意象之美。

Find out the images of the poem. 找出诗歌中的意象 [such as swallows（燕子）are the image of spring；maples（枫叶）are images of autumn]。

Image（意象）：诗歌中出现的事物形象（名词）。

② The beauty of the rhymes. 韵律之美。

Find out the rhyming words in the poem. 找出诗中押韵的单词。

③ The beauty of the trope. 修辞之美。

Find out the sentences with personification. 找出拟人修辞的句子。

2.Spring.

① The beauty of the images. 意象之美。

Images

② The beauty of the rhymes. 韵律之美。

Rhymes _____

③ The beauty of the trope. 修辞之美。

Personification _____

3.Summer.

① The beauty of the images. 意象之美。

Images _____

② The beauty of the rhymes. 韵律之美。

Rhymes _____

③ The beauty of the trope. 修辞之美。

Personification _____

4.Autumn.

① The beauty of the images. 意象之美。

Images _____

② The beauty of the rhymes. 韵律之美。

Rhymes _____

③ The beauty of the tropes. 修辞之美。

Personification _____

Task 3: *Read and show the beauty of the poem* 阅读美和展示美 **

（1）The Best Voice in our class.**

学习指导：

①先组内朗读展示，推选一名或几名同学进行班内展示；

②组员帮助展示同学纠正语音、语调、节奏等；

③小组抢答，展示同学朗读指定段落。

评分标准：

Wonderful ——3 分，Good ——2 分，Not bad ——1 分。

（2）The Best Poet（诗人）in our class.**

Write a short poem about spring or summer．

学习指导：

①小组合作自编一首诗歌；

②小组展示，写在小黑板。

评分维度：

correct（正确）；handwriting（书写）；rhymes（押韵）；images（意象）；tropes（修辞）。

评分标准：

Wonderful——5分，Good——3分，Not bad——1分。

三、Summary（小结）

Life is not a lack of beauty, but a lack of eyes to find beauty.

四、Homework（作业）

Try to make your own poem about autumn or winter.*

（Try to make your poem with rhymes, images and tropes）**

（周峰　新东方扬州外国语学校　初一英语）

案例分析

该例设计了伙伴合作、小组合作等多种形式，特别是教师对每次合作活动给予指导与要求，并引导学生进行评价，从而保证了合作学习的质量。

第八章

大面积及时反馈与调节教学

　　差异教学强调及时的、大面积的反馈，了解学生的动态变化的需求，以便及时调节教学，同时，针对学情反馈，对学生及时进行评价与激励。

第一节　大面积及时反馈与调节教学的意义

教学的反馈调节在教学过程中占有非常重要的位置，它也是教师监控教学的重要手段。

一、教学是师生互动、不断生成的过程

从某种意义上说，教学是师生互动、不断生成的过程，有许多变化因素。设计再好的教学也不可能在课堂上一成不变。优秀教师总要不断了解学生的学习状况，并对教学作相应评价调节。可以说，没有反馈评价过程的教学，不是一个完整的教学。学生也需要从教师那里了解教师对自己学习的评价信息，并将自己的需要反馈给教师。学生之间也需要互相反馈学习信息，相互评价和激励，实现共同成长。

二、及时反馈评价，了解学生学习过程中的不同需要

为了在教学中能照顾学生的差异，有针对性地教学，必须加强反馈评价。只有不断反馈和评价，才能了解学生差异所在，了解每个学生在学习中有哪些特殊需要。特别是要即时反馈困难学生的学习状况，防止他们累积知识缺陷，影响后续学习。评价和反馈紧密联系。首先，要了解教学的反馈信息。教师在了解学生学习信息后，及时评价学习效果，对学生的学习做必要的补救和指导矫正。学生从教师和同学那里获得反馈评价信息，可以增进学习信心和改进自己的学习。布鲁姆的"掌握学习"之所以能大面积地提高教学质量，很大程度上在于反馈、补习机制的运用。在"先学后教，当堂训练"的课堂教学模式中，

"当堂训练"的重要作用之一就是"及时反馈矫正",从而保证每个学生在课堂上都达到教学要求。

三、根据反馈信息对教学进行调节

通过教学反馈评价,可以对教学过程进行调控,减少无的放矢的低效率的教学。北京市一位小学数学教师在教学"分数的再认识"时,原计划以"平均分"概念为重点,但根据后来的课堂反馈信息——全班学生对"平均分"的概念掌握得很好,便对原教学计划做了调整,以教学"部分与整体的关系"为主,从而保证了教学效果。

学生的自我反馈评价实际上是对自我学习的监控和调节。经常进行自我学习反馈评价,并在这个基础上对学习调节改进,也有利于提高学生元认知能力。

差异教学案例

《加法运算律的推广》教学的反馈与评价

案例描述

小学数学五年级(上)《加法运算律的推广》一课,目标是让学生把四年级学习的加法运算律的内容运用到五年级的小数计算中,并进行一些小数加法的简便计算。教师在教学完本课知识点后,让学生开始练习。其中有一题:3.7+6.3-3.7+6.3。教师在巡视过程中,发现80%左右的学生答错了,答案是"0"的占了大多数。应该说这样的错误既在教师意料之中,又在教师意料之外。教师知道这题会让学生做错,但是没想到错误率这么高。这个思维陷阱在何处?为什么这么多学生折戟此处?

一直以来,学生的作业由教师批改,为什么不能让学生自己评价呢?于是,教师把学生错误的解题方法写在了黑板上。

> （1）3.7+6.3-3.7+6.3
> =（3.7+6.3）-（3.7+6.3）
> =10-10
> =0
>
> （2）3.7+6.3-3.7+6.3
> =（3.7+6.3）+（3.7+6.3）
> =10+10
> =20

看到黑板上写的题目，学生顿时窃窃私语，纷纷议论起来。

师：请同学们看黑板的解答，你们说哪个是对的，哪个是错的？

生（齐声）：第一种是对的。（学生们的表情显得极为自信，这也难怪大部分学生都是用（1）的解题方法，这种从众心理是谁也无法逃避的）

师：那么，你们都认为（2）是错误的，谁来告诉老师（2）错在哪里呢？

生1：这个错误很明显啊，因为原本的算式里有加号和减号，现在第二步全部是加号了。

师：Q同学，你觉得他回答的对吗？（Q同学就是用第2种方法解答题目的学生）

生2（Q同学）：我懂了。我只想凑成整数"10"，根本没有考虑运算符号。（在教学简便计算时，教师一味强调学生要记住"凑整"，导致了一些反应迟缓的学生死搬教条，不分场合地"凑整"，也折射出教师教学的一些缺陷）

师：现在我们再来看第一种解法，你们认为对的，那谁来解释一下用了什么运算律呢？

学生听罢认真地思考起来，不时地同桌交换意见。很多学生都为难了。他们发现从原题到第一步只是添加了括号，但是没有一条加法运算律是讲添括号的。面对这种解答方法，学生无法找到以往固有的知识进行解释。这就意味着学生的认知产生了冲突，而这种冲突直接带来了学生对解题方法的怀疑。

生3：我觉得第一种也是错的，因为我用分步计算的方法算了一下，正确的结果不是0，所以我认为是错误的。

师：那到底是对还是错呢？用简便方法到底应该怎么做呢？谁来告诉老师？

生4：3.7+6.3-3.7+6.3
　　　=3.7-3.7+6.3+6.3

=0+6.3+6.3

=6.3+6.3

=12.6

师：他这么说对吗？你能解释一下吗？

生5：他做得对，因为这题有加号也有减号，所以要用交换的方法，移动的时候符号跟着跑，"3.7"前面是"－"号，所以移过去还是"－"号，"6.3"前面是"＋"号，所以也是"＋"号。

生6：第一种方法是错误的，假如第一步是"（3.7+6.3）－（3.7+6.3）"，那么原题应该是"3.7+6.3-3.7-6.3"这样才可以。

师：那么，你们刚才为什么都说第一种是对的呢？一开始是怎么想的？

生7：题目不是说简便计算吗？我想一般情况结果就是等于"0、10"等这样的数，而且凑整正好出现了"10"，所以我就这样做了。现在我知道简便计算还是很不简单的。（的确这样，简便计算的结果比较简单，但是其中的思维强度远远高于一般的计算训练，从这个层面上说，简便计算的确很不简单）

这是练习反馈中的小插曲。细细品味，它不正是给我们展现了一条学生特有的绚烂的思维轨迹吗？这里有学生踊跃的交流，有对错误的思辨，有对自我解题方法的反思。利用及时大面积反馈与调节教学的策略，让我们看到了平时教学中看不到的细节：开始学生人云亦云地回答，但随着研究的深入，学生逐渐展开个性化的思考，有的学生认为对，有的学生认为错。这正好暴露了学生的个性差异、认知差异，这也是课堂生成的最宝贵的教学资源。"那到底是对还是错呢？"这个问题让课堂顿时疑云重生。就在这样的满带着问号的课堂中，学生思维开始撞击，迸出智慧的火花，有正向的推导，也有反向的求证，使潜质得到不同程度的发挥，从而实现对知识的自我构建。更值得一提的是，这里的评价者全部是来自学生群体，使评价的价值和效能得到较大程度的发挥，实现新课标提出的理念：人人学有价值的数学，不同的人在数学得到不同的发展。

（徐建林、高丽　江苏省吴江经济开发区长安花苑小学　五年级数学）

案例分析

该例教师及时反馈学生课堂练习中出现的错误,引领学生自己判断、思考、交流讨论,评价与纠正,提高了学生的计算能力与思维能力。

第二节 教学反馈的要求和机制

为了充分发挥教学反馈的作用,要满足反馈的基本要求和促进反馈机制的形成。

一、教学反馈的基本要求

教学反馈的基本要求有及时性、大面性和真实性。

1. 及时性。只有及时了解教学的反馈信息,并据此对教学做相应调整,才能让教学最大限度地与学生学习匹配。从这个意义上说,教学反馈应贯穿教学的全过程,体现即时性的要求。尤其应重视课初的评价、教学的关键环节的评价和一节课要结束时的尝试性评价。

课初的评价,主要了解学生学习新课前的知识技能的准备、学习的兴趣和积极性、学生间差异的水平。笔者曾听了几节关于时间认识的现场课,教师几乎都是按教材内容顺序,从认识时针、分针、钟面开始一直讲到认识各种时间。殊不知现在许多小学生上小学时都已戴了手表,许多家长早已教过子女怎样认识时间,当然也会有一些学生上课前不认识时间,这种不考虑差异的教学,又怎能提高教学的效率和效果呢?如果课初教师通过反馈,调查一下学生知识准备情况,就不会再去那样传统教学了,而是重点帮助那些不认识时间的学生,让其他学生在原有基础上进一步提高。

教学的关键环节往往会决定一节课的成败。在关键环节教师必须重视反馈和评价,了解学生对重点内容掌握如何,有什么疑问,有什么困难,教学需不需要调整。例如,在分数意义的教学中,分数的概念是关键内容,学生是否掌握至关重要,应当在教学中反馈这方面的信息。再如,在 11~14 数的认识的教学中,将 10 根小棒捆在一起是关键环节,教师应检查每个学生是否都已捆好,特别是那些困难生是否需要帮助。

一节课即将结束,为了解学生这一节课的学习效果,在学生巩固练习前可以进行尝试性练习,从而反馈学习效果,并进行必要的补救。教师应有意识地让代表班上、中、下水平的学生上黑板板演或检查他们的作业,看是否掌握。笔者在听课中常发现,这时教师往往让班上的一些成绩好的学生板演,这样反馈的信息并不能说明全班学生学习的效果。

2. 大面性。差异教学追求的是教学与每个学生最大限度匹配,当然教学的反馈也应是大面积的,要反馈评价每个学生。扬州市一位教师在教学计时器的创意应用时,对该课每个环节学生的完成情况进行及时打分,大面积反馈学生的学习情况,然后有针对性地进行对比讲解。当遇到实际情况与教学预设不一样时,就对教学进行调整。例如,在讲到一键控制计时器开关时,正常情况下学生应当能写出"如果……则……"的结构,但教师发现有些学生没有想到,立即就对教学进行适当调节,让学生之间相互讨论,同时对于"非"运算,教师也进行了引导。

有的教师只通过个别提问学习程度好的学生来了解学生的学习状况,往往也能得到满意的回答,但这样反馈的面是不够的。当然也应当看到,处于两头的学生往往是反馈评价的重点,因为他们在班集体学习中常有不同的学习需要。另外,教师要根据反馈的目的和时机选择对象。例如,为了解某问题全班学生是否都已掌握,只要提问困难学生就可以了,如果他们掌握了,全班同学自然也就掌握了。教师在实践中要不断创造大面积反馈的方式方法,如同桌同学相互矫正,再反馈给教师,以及使用反馈牌等。

3. 真实性。反馈的信息只有是真实的,它才能成为评价学生和调节教学的依据。因此,反馈的信息要真实可靠。笔者常发现,当教师公布了正确的答案后,让作业正确的同学举手,有的学生明明作业错了,碍于面子也举了手,其实教师如先不表态正误，让不同结果的学生先分别举手，就会减少不真实的情况。

二、教学反馈的机制

差异教学反馈有下面两种机制。

1. 多向反馈的机制。反馈是双向的和多向的。教师要了解学生学的信息，学生也要了解教师指导的信息，以及对他的评价。学生与学生间在共同学习互助中也在不断传递反馈信息。学生在获取反馈信息的能力上是存在差异的。教师要指导一些有困难的学生学会从教师或其他同学那里获取信息，同时也将自己的学习信息反馈给教师或同学。

获取信息的渠道是多种多样的，如提问、作业、讨论，甚至从学生的眼神、面部表情中，教师都可以捕捉反馈信息。教师在自己的实践中创造了许多有效的反馈方法。例如，让学生出示红绿两种不同颜色的反馈牌，以示不同作业结果，万绿丛中一点红，教师一眼就能看出谁的作业错了，这比那种齐声回答作业的结果，效果更好。再如，设计分层检测卡，促进学生自我反馈评价等。上海市一所小学开展"及时反馈评价"的研究，形成了课堂反馈评价的基本操作过程和方式，让学生利用IRS互动反馈技术上课。学生人手一个遥控器参与学习、选择答案，只要按下手中的遥控器，学生的选项就会显示出来。全体学生平等地、平和地参与到学习的过程中来，在课堂上"不表现、忘了表现、过于表现"的问题得以解决。

2. 不断深入的反馈机制。教学反馈不只是反映表面信息，如齐声回答"是""不是"等，而应了解一些本质的东西，不断追问是怎么想的；不只是反馈学习的结果，更应了解学生学习的过程，尤其是学生思维的过程。例如，采用思维导图呈现思维过程，这让教师的指导更有针对性、更有效。要了解学生阅读时，怎样做到理解性的阅读；解数学题时，学生是如何审题的，又是如何透过情境把握数量关系，他们又是怎样进行分析和综合的；等等。反馈双方也可以相互质疑问难，促进反馈的深入。

差异教学案例

《线段、射线、直线》教学的反馈与调节

案例描述

教学目标：充分利用学生已有的知识基础与生活经验，在自学、交流中认识射线、直线；掌握用字母表示线段、射线、直线的方法；渗透"无限"的数学思想；培养学生的探究精神，获得成功的体验。

教学重点：认识射线和直线。教学难点：射线的表示方法。

片段一

在复习了线段的特点，学习了线段的字母表示方法后，设计这样的练习：像这样的长方形、三角形都是由什么围成的？（如下图）

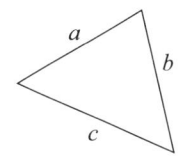

要求：先同桌说一说图中有哪些线段，再汇报。

通过这一教学环节，及时反馈出学生对线段这一教学内容掌握的情况，便于教师及时发现问题并及时解决。同时，口头练习也对线段这一教学内容进行巩固，便于学生更好地掌握。

片段二

媒体演示：激光器向天空发射光线，如果没有遮挡，想象一下会怎样？通过演示，渗透无限的思想。从激光器的点发出的这束光引进射线教学，然后自学数学有关射线的知识。

分五步反馈自学情况：

1. 什么叫射线？

2. 根据你对射线的理解画射线，并用字母表示：

```
  A      B        射线 BA

  A      B        射线 AB
```

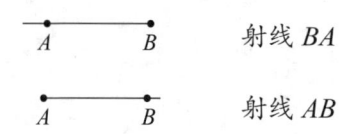

师：比较这两种表示方法，你发现什么？

生：第一个字母表示射线的端点，第二个字母表示延长的方向。

3. 射线有什么特点？

4. 说说生活中有哪些射线现象？

5. 练习：填一填。

（1）
```
    D
    O
```

（2）
```
         F
      G
```

记作：_____   记作：_____

端点：_____   端点：_____

整个射线教学环节采用了学生自学后的及时大面积反馈的形式进行教学。通过学生反馈，教师及时评价反馈内容，完成射线的教学。然后通过第五个反馈环节，让每位学生完成填一填部分的内容，教师既及时对学生掌握射线知识的情况进行了反馈，又巩固了本节课的教学难点，可谓一举两得。

片段三

1. 教师画一条直线，问：这个图形叫什么？小组合作学习直线。

2. 出示学习要求：先看书自学，再小组交流。

（1）怎样的图形是直线？（2）直线的记法？（3）直线有什么特点？

3. 教师组织学生进行交流汇报。

直线教学环节由两个大面积反馈组成。其一，学生自学后，围绕教师给出的三个问题进行第一次组内反馈交流。在组内反馈交流时，能力较强的学生已经掌握了有关直线的知识，并能帮助能力较差的学生学习直线的相关知识。其二，组内交流后，教师组织全班学生进行反馈，使每位学生系统完整地学习了有关直线的知识。通过两次反馈成功地完成了直线的教学。

片段四

在三大块新授教学内容完成以后，教师设计以下练习，检测反馈本节课的教学效果。

1. 写出表示端点的字母。

（1）射线 AB；　　　　（2）线段 CD；　　　　（3）直线 MN。

2. 判断题。（手势表示）

（1）$\overset{\bullet\qquad\bullet}{B\quad A}$　无限延长线段 BA，得到射线 AB。　　　　（　　）

（2）$\overset{\bullet\qquad\bullet}{A\quad B}$　反向延长线段 AB 并无限延长，得到射线 BA。　（　　）

（3）小明量出一条直线，长 4 厘米。　　　　　　　　　　　（　　）

3. 画一画、想一想。

（1）画：过一点画射线。想：可以画多少条？

（2）画：过一点画直线。想：可以画多少条？

（3）画：过两点画直线。想：可以画多少条？

学生通过完成填、选、画三个综合练习，反馈掌握线段、射线和直线的情况。通过检测，教师了解到大部分学生通过学习已经较好地掌握了用字母表示线段、射线、直线的方法，并且对教学难点射线的表示法也有所掌握。但班级中还有两位学生对射线的第一个字母表示端点、第二个字母表示延长的方向没有掌握。教师要对这两位学生进行个别辅导。

（童敏　上海市嘉定区江桥小学　四年级数学）

案例分析

本例中，无论在新授还是巩固部分的教学中，教师都运用了及时大面积反馈策略。通过及时地、多向地大面积反馈，教师既组织了教学，又及时了解了学生的学习情况，检测出学生掌握知识的水平，从而不断调节教学，引导学生的学习不断深入，完成了预定的教学目标，提高了课堂教学的有效性。

第三节　教学效果的评价与调节改进

在教学反馈的基础上，应对教学效果进行评价，并对教学做必要的调节改进。

一、客观评价，不断激励

教学评价有激励功能。为发挥好这个功能，教师对学生的评价应客观公正。学生往往对教师的不公正评价非常反感。评价应以鼓励为主，及时强化，对学习困难生更是如此。但这并不意味着给学生戴高帽子。现在小学教育中对学生的普遍表扬的说法是"你真聪明"。国外有的专家做过这方面的研究，表明用"你真努力"比"你真聪明"表扬学生效果会更好。经常受到"你真聪明"表扬的学生往往会故步自封，不再努力。应当提倡针对学生的实际学习过程，给予具体实在的评价。

对学生的表扬、奖励也要照顾学生的差异，选择的强化物应考虑学生不同需要。例如，对女生奖励小红花，对高年级喜爱体育的男生来说，可能奖励纸剪的小奖杯会更具魅力。奖励要有层次，不要只是一种单一的刺激，如10朵小红花换1朵大红花，获10朵大红花就在全校予以表扬并通知家长，让学生有不断的追求。如果奖励对象是中学生，当然要根据他们的身心特点采用适合他们的方式方法了。我们强调评价的激励性，并不是说对学生不能批评。在课堂教学中，为保证教学的顺利进行，必要的批评也是需要的，对于那些眼高手低、好高骛远的学生，有时也要"将将军"。但批评要注意对学生的心理进行调控，特别是抑郁质类型的学生，他们往往多愁善感，对其批评要委婉一些。

二、调节教学，针对指导

有效的教学应追求预设与生成的和谐统一。设计再好的教学，课上也不能一成不变，要根据反馈的学生学习情况加以调节改进，并给以学生针对性的指导，以保证每个学生都能达到教学的基本要求。北京市一位数学教师在教学分数的初步认识后出了一道判断题"将一个整体分成若干份表示这样一份或几份的数是分数"。教师发现有 1/3 的学生认为该判断是对的，忽视了"平均"分的概念，而这是一个关键性的问题。于是，教师调整了教学，组织学生形成正方、反方进行争辩，从而保证每个学生都掌握关键内容，为后续学习打好基础。

全体学生的课堂作业是大面积反馈教学效果的一个非常有效而又简便可行的做法。但是课堂练习题不能完全与例题同样，应提供新情境的应用，从而反馈学生对所学内容是否真的理解。学生练习后可先同桌互批、小组批改，然后反馈给教师。对于没有掌握的学生，通过同桌帮助或小组及时帮助，以达到学习要求。尽量不将问题留到课外解决。

三、自我反思，相互评价，提升学习能力

课堂反馈评价的过程，也是一个自我不断提高的过程。在这个过程中，要引导学生不断反思，不断质疑，不断深化拓展，不断提出新的问题，从而不断上升到新的水平。要让学生带着新的更高级的问题和悬念下课。

在课堂教学中应充分发挥学生自我评价、相互评价、小组集体评价的作用，如自我检查这节课还存在什么问题、有什么新的问题，同桌同学互批课堂作业、评价学习效果，小组同学就课堂中的问题互相帮助等。例如在《少年闰土》语文课上，一位同学声情并茂地朗读"在深蓝的天空中挂着一轮金黄的圆月，下面是海边的沙地，都种着一望无际的碧绿的西瓜"后，大部分同学都评价他朗读很有感情，但有一位同学却站起来说他朗读得不好，理由是"没有朗读出夜晚的宁静感"。另外，在一次合作学习的评价中，一位组长反思："我的思维空间有点局限，有时甚至迷失解题方向，可能误导了小组成员，导致我们小组成

绩不好；我们太依赖资料，所以毫无特色，其他组鲜活而有见解的观点，听得我们瞠目结舌。"这样的评价不仅有利于提高学生学科素养，而且提高了学生互助意识、分析评价能力，也能有效地帮助教师在教学中照顾学生的差异。否则，仅靠一个教师来满足所有学生的特殊需要是困难的。

差异教学案例

《认识角》教学中的多方面反馈与激励性评价

案例描述

一、教学过程

师：你们观察得真仔细，特别是小 W，他今天观察很仔细。现在比一比谁观察得更仔细。请看屏幕（电脑显示打开的折扇），看到折扇，你能想象出一个角吗？用手势比比看。（学生同桌比画，试着用语言来表达）

【针对小 W 反应快但错误较多这一特点，教师特别提示】

（电脑显示：淡化折扇外形，留下闪烁的角）

师：同学们都想对了、找对了。那么，角到底是一种怎样的图形呢？请你认真观察下面的动画，然后冷静思考，最后和你的学习伙伴议一议、说一说。

【针对本班学生大多数都较活跃的特点，教师再次强调要认真和冷静】

（电脑显示：闪烁的一个点，然后从这个点向两个不同的方向引出两条射线，从而形成角。显示两次）

（学生仔细观察，教室里非常安静。稍后，部分学生开始自言自语，接着小声议论。最后，前后四个学生开始讨论起来，有些组的学生甚至争论起来。教师巡视）

师：同学们，刚才在小组讨论时，我看到小 H 今天交流特别积极，我也看到第三组活动最有序，组长安排了发言的顺序。哪组的同学愿意把你们的意见说给我们听一听。

【小 H 年龄太小，平时上课注意力不是很集中，基础较差】

生1：我们这组认为：角这种图形，它有两条线。

生2：我来纠正一下，应该是这样的，角有两条直直的线……

生3：（迫不及待地打断）不对。

师：请你先听一听别人的意见，即使别人没有说对，也要等别人说完后再客气地提出不同的意见，你说对吧？

【生3成绩好，反应快，但经常不等人说完就打断】

生2：角有两条直直的线，还有一个点。

师：请这位有反对意见的同学说一说你的观点。

生3：我认为，两条直直的线必须要交在一起，正好在那个点上。

师：大家同意这位同学的说法吗？

生齐答：同意。

生4：老师，我知道那个点叫顶点。

师：你怎么知道的？

【生4是一位内向的女生，但成绩好，习惯好】

生4：（自豪地说）我看过书的！

师：你的回答非常正确！你真了不起，自己看书就知道了老师要讲的内容。

生5：老师，我也知道，那两条直直的线叫角的边。

生4：老师，我刚才说的那个点是角的顶点。

师：同学们，你们可都是学习小能手啊！

师：你看到屏幕上显示的角，你们小组还能找到角的哪些知识呢？想一想！老师相信大家一定行！

【教师情感真实流露，极大地调动了学生的学习情感】

（学生观察、思考、讨论）

二、教学反思

教师的口头评价往往较之书面反馈及时，且带有感情色彩。本课教师尝试根据学生的差异（个性气质、智能类型、学习水平等）对学生课堂口头评价，有下面几点体会。

1.评价上课的认真、热情程度。如：听讲是否专心，注意是否稳定；感知是否清楚，观察是否敏锐；态度是否认真，兴趣是否浓厚；是否主动积极，能否克服困难；有无自制力及毅力；等等。

2.评价获取知识的方法、途径。如：是上网查阅资料，还是自己阅读教材；是请教父母，还是请教伙伴；是通过自己猜测、试验、推理得到结论，还是相信别人的结论。

3.评价务实还是创新。如：是否独立阅读数学教材，能否利用已有知识方法解决新问题，是否有合理的想象或推理等。

4.帮助学生对学习成功进行正确归因，多引导学生把原因归之于自己努力、肯下功夫，但对于已经很努力但成绩不太好的学生不宜强化。另外，课堂评价语言应随着学生年级的增加而变化。

（林海　成都市新都区谕亭小学正德实验学校　二年级数学）

案例分析

本例中教师在教学中能从学习态度、知识及其获取的途径方法等方面全面及时反馈学生情况，并能针对学生各自特点帮助学生积极归因，进行激励性评价，课中也引导学生自我评价与相互评价，提高学生分析判断能力。

This is me！教学中的阶梯检测

案例描述

教师在前面设计预热（互相介绍）、导入（图文并茂呈现初一学生的风貌和爱好）以及练习固定句式三个环节，激发学生的兴趣，学习了重点句型。下面是后续教学环节。

Step4：Listening

第一步：学生集体听即将阅读的材料，独立完成下列表格。

Name	Millie	Simon	Sandy	Kitty	Amy	Daniel
Age						

续表

Appearance（外貌）					
Hobby					

在阅读之前让学生听这些材料，既可以检测学生的听力，也可以帮助学生迅速把握阅读材料的中心内容，为进一步阅读扫除障碍。

第二步：两人活动。

Practise the following questions：

1. How old is ...?

2. What is ...like?

3. What does ...like?

通过练习强化学生的提问意识和提问能力，为今后的自主学习打下良好的基础，同时检测了口语。（在机械操练中夯实基础，大面积地提高课堂的实效性）

Step5：Reading

第一步：采取不同的读法，解决一些细节和新的语言点。

1. 集体跟随磁带朗读 Millie 的自我介绍部分，回答问题。（问题略）

2. 男生一起读 Simon 的独白，女生向男生提问（任何男生都是 Simon）。

3. 女生一起读 Sandy 的独白，男生向女生提问（任何女生都是 Sandy）。

4. 分别让三个学生读 Kitty、Amy 和 Daniel 的独白，自由提问。

通过问答的形式，将重要语言知识点在屏幕上打出来，并提醒学生迅速做好必要的笔记。

第二步：让学生大声自由散读，同时提出自己不解的问题。

第三步：用图片归类的形式完成不同人物的资料归档，并选择其中的一个复述。

让学生在黑板上把相关的图片贴在对应的人物头像下面，采取大组合作的方式。完成后，让不同层次的学生选择其中的一个人物进行复述，能力较强的先复述，较弱的后复述。

Step6：Extensive activity

三人一组活动，用下列句型进行自我介绍和相互介绍，并写下相关的信息。

1. I am.... I come from.... I live in.... I like....

2. You are.... You come from.... You live in.... You like....

3. He/She is.... He/She comes from.... He/ She lives in.... He/She likes/enjoys....

设计第二人称,是为了更好地实行优帮差的活动。活动时教师进行指导,等每个学生都练习到之后,每组检查两个学生,让他们分别用第一人称和第三人称进行口头陈述。教师进行评价并将评价结果记入小组成绩中。

Homework:

1. Read the profiles fluently.

2. Learn the new phrases by heart.

3. Write about yourself or your friend with at least 30 words.

学习效果评价设计

本课将知识由浅入深,通过不同的活动串联起来,逐步训练学生的听说读写能力,分下面三个阶梯。

第一阶梯:视—说,听—说,听—写(词、短语、短句)。

第二阶梯:听—读,读—问,读—答(句、章的理解)。

第三阶梯:读—练,读—演,读—写(词、句、章的运用)。

在阅读课的教学中,以读为主线,借助现代化教学手段和学生之间的人力资源,帮助学生读懂生词、单句和篇章;通过不同的活动和评价方式调动所有学生的学习积极性,帮助学生实现知识的迁移和学习能力的提升。

本节课是阅读教学,内容是对人的简单介绍,主要围绕个人基本信息和爱好进行描述。文中语法主要是一般现在时,难点是第三人称单数的运用。由于生词不多,大部分句型在前一阶段已学习,所以学生有大量的时间进行口头操练。本课教学的重点是帮助学生了解阅读课的学习方法,同时不断地对学生所学的新内容进行巩固和阶梯检测。学生在课堂上非常投入。尽管该班入学时英语学习水平和能力不很理想,但是通过课堂的阶梯检测和多元的评价方式,学生看到了自己的点滴进步,从而不断树立自信;同时也培养了不怕困难、团结协作的学习品质。

(王植梅 苏州市虎丘实验学校 初一英语)

案例分析

本例教师对学生所学的新内容进行及时巩固和阶梯检测，教师采取对个人、小组和大组三个层面的评价以及自评、他评和互评的方式进行多元评价，提高了课堂教学效果。

第九章

创设民主和谐的课堂学习环境

课堂是生命成长的地方。为了促进每个学生的健康成长，应建立一个尊重差异、理解差异、照顾差异的课堂生态环境。

第一节　尊重差异，创设民主和谐的课堂氛围

环境影响每个人。创造一个良好的环境，可以促进人自身的发展。

一、课堂环境对学生的影响

在课堂上成绩好的学生感到自己能取得成功，学习主动努力。教师对成绩好的学生往往期望较高、态度积极，这促使他们提高自信心。他们就按照教师的期望方式积极学习，塑造自己。他们和教师有良好关系，常得到教师的表扬，情绪愉快，所以思维也灵活迅速。相应地教师给予他们促进智力发展的刺激多，如上课提问多、作业有一定难度等，更能促进他们智力的发展。而后进学生，教师往往对他们期望低，态度也不积极。这些都会或隐或显地传递给学生，挫伤他们的自信心、自尊心。他们的情绪往往因为经常的失败而沮丧。低落的情绪会使他们思维迟钝、记忆困难。同学的歧视也会影响他们学习的动机。他们的座位往往又被安排在教室角落或后排，不是处于教学活动的"行动区"。他们与教师交流少，而教师提供的信息刺激也少。他们往往得不到教师的暗示和及时反馈。这些都影响他们的积极性，使学习成绩更加落后。

二、民主平等的师生关系

师生关系对学习环境有重要影响。教师是学生集体的领导者，但教师应尊重每个学生，承认并理解学生的差异，从每个学生的实际出发提供适合他的教学，从而促进每个学生素养的提升。教师要平等地对待学生，而不是居高临下；要公平地对待学生，而不是有所偏爱。从心理健康角度考虑，教师应能把学生从惧怕权威、缺乏自尊心以及自感不重要等不良心理状态中解放出来；还应鼓

励学生表达自己的思想，理解并认可不同意见的分歧。教师应创造一个谅解和宽容的气氛，鼓励学生自我提高、自我约束和进行创造性的努力。

教师整天都要接触带有情绪色彩的活动。他们在课堂上可能遇到学生的责难、敌视或挑衅，依赖或要求，破坏或欺骗，吵闹或捣乱。这些情绪不可避免地引起教师情绪紧张或痛苦。教师要有稳定的自我概念，理解学生，从更有利的角度去预测学生的行为，看待他们的正确观点或错误观点，用较易受学生欢迎的和自己认可的方法去教学。

良好的师生关系是学生心理环境中的重要因素。师生间若能保持民主、平等的关系，相互尊重，则有利于学生产生积极的情感。当然，这种关系应真诚，不做作。学生热爱教师的情感会迁移到学习上来。所谓"亲其师，而信其道"，就是这个道理。在课堂上，教师的一个动作、一句鼓励的话语都可以对学生起到教育作用。有的学者认为，教师的眼神是最基本却又是最高级的教育力。教师在课上如能用鼓励的眼神看看那些困难的学生，往往就能帮助他们树立学习的信心。有的教师以为只有通过个别教学才能照顾不同学生需要，这样的理解是不全面的。教师的爱抚动作也对学生有深刻影响。教师的语言、动作、神态等不仅能传递教学信息，而且有情感的魅力。当然，要做到这点，教师的行为必须是发自内心的。

三、课堂上给每个学生均等的教育机会

学生虽然坐在同一个教室，但也不一定享受均等教育机会。笔者在听课中常发现，有的教师缺少兼顾不同学生教育需要的意识，只是关注班上的部分学生。课上总有被遗忘的角落，多数情况下不是教师没有能力照顾差异，而是根本没有想关注所有学生。教师一定要树立面向全体学生的教育理念，在课上给每个学生均等的教育机会。当然，机会相同并不意味同样对待，而是要从每个学生的实际出发差异教学。例如，对那些注意力不集中的学生，要给他们多提供回答问题的机会，而对那些善于独立地、冷静思考的学生，过多的提问会中断他们的思维，反而效果不好。只有当每个学生的学习和发展的需要都能得到满足时，才能说每个学生有了均等的教育机会。

四、全面关注学生的不同需要

课堂上要以学生自主学习为中心，可以是独立学习，也可以是小组合作学习。要不断激励学生，产生自主学习的内在动机，满足他们在自主学习中的不同需要，形成积极学习的课堂氛围。学生学习的过程不仅是认知过程，也是情感、意志、行为等方面不断发展变化的过程，而且这些方面的变化也深刻影响学生的认知过程。有的教师往往较多地关注学生的知识技能方面，而忽视了学生在学习过程中情感、态度、意志等方面的需要。教师要能敏锐地察觉学生在学习过程中情感、态度、意志、行为等方面的发展变化，以及不同学生在这些方面的不同需要。例如，有的学习困难学生在课堂上被教师随意批评后，感到很没面子，他们也有自尊的需要；有的学生在课上经常得不到提问、板演的机会，其实他们也有成功的需要；也有的学生因为父母离异，没有家庭温暖或早恋等原因，无心学习等，这些都干扰着认知过程。如果教师不能有效疏导，它们就会对学习产生影响。教师应在课堂教学的各方面，无论是知识传授、技能的训练，还是心灵情感的交流，都应兼顾到不同学生的需要。

五、建立和谐的班集体

学生的差异是建设和谐集体的基础。我们应该承认差异、利用差异，开展学生间的交流合作，形成和而不同的和谐氛围。

教学班是学校教学和教育工作的基本单位。我们要依据班级教育教学目标协调学生群体和个体学习活动，实现群体和个体的生动、和谐健康的发展。班集体的社会气氛（班风）不仅影响学生知识的学习，更为重要的是影响学生的态度、价值观和社会行为的学习。许多心理学家的研究也表明，专制的领导气氛或民主的领导气氛对于学生学业成绩影响不大（因为随着学生年龄增加，他们自我决定的需要增加，自我指导的能力提高，自觉的纪律性也增强，而教师的权威控制则减少了），但是对于学生的社会学习、态度和价值观的学习却有深刻影响。

教师的领导方式是班级课堂气氛的重要决定因素。死板的教学工作安排、威胁和专制的管理，会减少学生与学生之间的联系与互动，使胆小的学生与集体隔离。这些消极影响会造成学生的紧张、神经过敏和互相攻击。

学生间的不同关系与不同性质是影响班级课堂气氛的重要因素。学生之间应提倡团结友爱、互助合作、关心集体、以集体利益为重。班集体中的活动有的是以个人形式进行的，有的是以集体形式进行的。在集体活动中个人与个人、集体与集体之间，免不了会有竞争与合作。竞争通常是一种激发自我提高的动机。合作则是一种集体活动，在这种活动中，个人之间相互协作，以期达到某个共同目标。竞争与合作，都意味着在同一集体中的个人之间广泛的相互作用。集体中的许多活动，或是同时唤起合作与竞争的行为，或是交替地引起合作与竞争。小组比赛就是两个合作集体间的竞争。同一个小组的成员在为一个共同的、能显示个人之间差别的小组目标而努力时，相互间也可能会发生竞争。往往是合作中有竞争，竞争中有合作。

学生间竞争要适度。要发挥竞争的正向效应，防止负面效果，从而创设民主和谐的课堂学习氛围。学生干部的品德作风和凝聚力在构建和谐的班集体中也具有重要的作用。在合作学习中组长应平等地对待每位同学，热情地为大家服务，善于组织大家交流沟通，互补合作。

差异教学案例

儿童诗《小乎？大乎？》教学中的和谐氛围

案例描述

教学目标

1. 初步感知儿童诗的动词之妙。

2. 初步懂得"小和大是相对的"儿童哲学。

3. 面对生活中的嘲笑，能坦然地去面对。

4. 能用简单浅显的语言写出自己的感悟。

教学重难点

1. 真正懂得"世界上最宽广的是人的心灵"的哲学道理。
2. 创作一首主题为"心"的儿童诗。

教学过程

一、导入话题

师：同学们，有一天我在书上捡到一句话，如获至宝，分享给你们。

出示文字：把手放进溪流，我捉住一朵浪花。

师：你觉得这句话写得好吗？好在哪里？

学生自由反馈。

师：我在语文书里也找到一句有异曲同工之妙的话。

出示文字：归巢的鸟儿，尽管是倦了，还驮着斜阳回去。

师：来做一下我的知音，这句话妙在何处？

学生自由反馈。

师：有一天，我们班有一个男孩跑来对我说：老师，有一个同学说我踢球的技术太差了。说完，他就哭了。又有一天，另一个男孩又对我说：老师，某某同学嘲笑我长得黑。我抚摸着他的头，思虑良久，没有找到好的方法。于是，我只好把他们捉到的嘲笑，暂时关在笼子里。然后，我在纸上写了几行话。

出示文字：有个男孩，织了一张捕话网，抓住了一句飞向他耳朵的嘲笑，哭着递给我，请我来审判！

师：你觉得我这几句和前面有没有相似之处？

学生自由反馈，教师及时评价。

师：像这样充满想象力的话排成行，就是——儿童诗。

师：知道我今天来干什么吗？这次课我要干两件大事——

师：第一，对于上面提到的两件嘲笑事件，绞尽脑汁，我也没有找到科学的解决方法。我只好把它们关进了笼子。

出示图片，出示文字：我把嘲笑关进了笼子。读。

师：可是，来说相同问题的同学越来越多，于是我一一把它们投进了牢房。（出示PPT）这一节课我们一起来审判它们！

出示图片：捕话网。

师：第二件事，我也带来了一张捕话网，捕你们的奇思妙语，捕你们的智慧。希望用捕到的智慧来正确审判"嘲笑君"。

师：昨天晚上，我做了一个梦，梦里有位老神仙，见我如此忧愁，赐我一个锦囊，说内有妙计可解我烦忧，但是，不可直接与同学们道破，只有请同学们自己悟出来，这才是智慧。你敢来悟一悟吗？下面我们一起来拆开它，好不好？

二、新课

教师点开"锦囊"，出示课题：《小乎？大乎？》。学生读，教师板书。

（一）解第一计

出示第一计：何物小乎？

师：这是个问题，谁来说一说。

自由反馈（多人）。反馈结束后，请学生选择两个答案写在横线上。

师：看大屏幕，我来问，你们来答。

出示图片。

师：这是苔花，小乎？……

生：小也。

（二）解第二计——真小乎

出示组图：一个一个反转。

师：苔花小乎？可清朝的诗人袁枚却写了这样的诗句——苔花如米小，也学牡丹开。意思是说苔花像米粒一样渺小，但是它独立的人格却很了不起。安徒生笔下的小豌豆，被孩子的弹弓弹射到狭小的缝隙，却没有自怨自艾，而是靠强大的毅力，长成了一个小花园。它小乎？小水坑虽小，但是它给孩子带来的快乐却是大大的。它小乎？

……

学生观察，模仿教师的表达接着说后面内容。

师（总结）：小乎？（停顿）大也（板书）。

师：下面围绕你写的一号词和二号词，写两句话。

（三）解第三计——智慧藏在图中

出示组图，中间留白时间。

学生观察。

师：同桌合作，你悟出了什么？计时3分钟。

（请语文智能优秀的学生反馈）

师：同学们，你们知道，世界上最小的东西是什么吗？最大的东西又是什么呢？

学生自由反馈。

师：下面我要揭晓第四计。如果老神仙给的答案和你们的一样，你们就欢呼，好吗？

（四）解第四计

出示图片：红色的爱心。

师：你顿悟了什么？

学生反馈。

师：有时候我的心很小很小，结果会怎样？

（嘲笑这件事就会变得很大很大）（一句嘲笑心都装不下）

师：你什么时候心很小很小？

学生自由反馈。

师：那怎么办？

生：我们的心需要变大。

师：变多大？为什么？

有启发的同学反馈。

师：那嘲笑怎么处理它？

生：让它滚蛋吧。

生：建一个房间，把它锁起来，不让它出来。

……

图片出示——滚蛋吧，嘲笑君！

师：那心中应该装着什么呢？

学生反馈，教师播放PPT。

师：当你的心里装着整个世界，嘲笑就会变得——

（嘲笑这件事就会变得像灰尘一样小，不值一提）

三、创作环节

1. 师：下面把你们的智慧用几行诗或几句话的形式写在"心"卡上。
2. 学生创作，教师巡视。学生展示作品，朗读自己的心得或儿童诗。

师（总结）：同学们，人生的智慧还有很多，该滚蛋的，除了嘲笑君，还有谁呢？感谢你们今天精彩的发言，这节课我们满载而归！让我们背着收获的行囊，下课！

教学反思

这是教师根据班级学情原创的一课儿童诗教学方法。教师作为班主任，常常有学生来投诉"某某某嘲笑我……"，然后期待教师给他"做主"。教师深深地思考过这个问题。作为成人，教师深知"嘲笑"的问题是一直存在的，每个人既是被嘲笑者，又是嘲笑者，其中一个重要的解决之道，就是以怎样的胸怀看待这件事。

可是，这样的道理怎样和学生讲明呢？通俗地讲理，似乎可以达成，但学生根本无法理解其中的逻辑。

于是，教师就想到了用儿童诗的方式让学生自己悟出来。这里涉及"小和大是相对的"儿童哲学，探讨一下，应该是一件很有意思的事。

想到这一层，教师就开始努力为整个教学过程铺设良好的逻辑转承。"诗"要有"诗"的模样，道理要自然地流淌。认识儿童诗的奇妙，激发学生挑战的兴趣是第一层。第二层以"锦囊妙计"为线轴，通过多次格物，逐步思考到"小物有大志向""小物有大胸怀""小物有大精神""小物有大快乐"等，再到"无论是大物还是小物都会因'容'而伟大"的智慧。第三层思考"心"的"容量"，同学们恍然悟出，"心"是世界上最小的东西，也是世界上最大的东西，如果装满了"嘲笑"，就容纳不了别的了，生活的乐趣将全无。那怎么办呢？学生说"把嘲笑扔掉""种上宽容""种上梦想""种上风景"……。那一刻，教师知道儿童诗写出来了，目标达成了。

（章静　新东方扬州外国语学校　小学四年级语文）

案例分析

在语文课教学中，结合儿童诗的教学，对儿童心理进行疏导，发挥育人功能,这是值得提倡的。本例中教师通过层层引导,使学生明白小与大相对的道理。教学过程中,教师创设民主和谐的氛围,让学生敞开心扉,不断自由反馈交流,自由想象,情感自由流淌,这正体现了诗的真谛。教师再让学生创作诗,就水到渠成了。

第二节　物理、物质环境满足不同学生需要

和谐的课堂学习环境离不开必要的物理、物质条件。

一、提供良好的物理环境

构成物理环境的主要因素有湿度、光线、空气、声音、颜色、气味等,它们直接影响师生的身心活动。一方面,它们可以引起教师和学生生理上的不同感觉;另一方面,可以使教师和学生在心理上产生情绪,形成情感。

环境温度适宜,可提高大脑处理信息和解决问题的能力。吉利兰德关于教学环境温度的实验研究表明:最适宜学生智力活动的教室温度是 20～25℃,环境温度每超过这个适宜值一度,学生学习能力相应降低 20%,室内气温超过 35℃以后,学生大脑消耗明显增加,智力活动水平和活动持续时间会大大降低和减少。可见,温度是产生学习成绩差异的原因之一。一项研究发现,教室内过强或闪烁频率过度的光线,会给学生脑发育带来危害。颜色在促进人的智力活动方面也有重要作用:浅绿色和浅蓝色可使人平静,易于消除大脑疲劳;深红色、深黄色可使大脑兴奋,随后则趋向抑制;灰暗墙壁会造成阅读困难。经常处在 70 分贝以上音响环境中,人会头晕乏力,注意力不集中;而音量适中、悦耳动听的声音可使人轻松愉快,易使人无意中进入智力活动佳境。

二、创设优越的物质环境和先进的信息环境

不仅物理环境对学生智力活动有影响,而且物质环境、信息环境同样对学生智力的正常活动有很大的影响。构成学校物质环境的主要因素是教学设施。从学校设施来说,大的有教室、图书馆、操场、实验室等,小的则有实验仪器、图书资料、计算机、电教设备、体育器材等。不同的教学设施完善情况也在一定程度上影响教学内容和水平,影响学生创造能力、动手能力的培养,造成教学质量、教学效果的一定差异。学校应创造这方面条件,满足学生学习的需要。

教学是一个传递信息的过程。学校通过电视、广播、计算机网络、各种社会关系等和外界交流信息。显然,处在丰富信息环境里的学生和处在闭塞山村的学生,其见识水平、学习效果是有差异的。信息有积极的,也有消极的。对信息有选择的问题,还有认识和加工的问题。在这方面学生也是有差异的。有的学生对各种各样信息能去粗取精、去伪存真,由表及里进行深层次加工;而有的学生则对待信息像过眼烟云飘忽即逝,或不加辨别、评价,统统加以接收。因此,教师要给予指导。

三、座位的编排要兼顾学生的差异

座位编排方式是形成教学环境的一个重要因素。学生对座位的选择也是有差异的。一般愿坐在教室前排座位的学生,大多是些在学习上过分依赖教师的学生,可能也有部分学习热情特别高的学生;而愿坐后排的学生,往往是些捣乱的或不听讲的学生。坐在教室不同区域的学生与教师、同学的交流情况是不同的。亚当斯和比德尔曾对传统的"秧田式"座位排列进行过研究,发现在教室前排和从前排到教室中间地带的课堂气氛比较活跃,坐在这里的学生参与课堂活动及与教师交流的时间和次数明显比坐在教室后排的学生多。坐在这个区域的学生正好处在教师课堂监控的有效范围内,自然能较好地约束自己的课堂行为,认真听讲。他们与教师距离较近,正好处在与教师交流的有效区域内。教师可以无意中通过眼神、表情、举止将自己对学生的关注和期望传递给他们,

使学生产生心理上共鸣，从而积极配合、支持教师教学。而坐在后排的学生，压力较小，监控较低，也缺少教师的暗示和积极反馈。这些影响他们对教学活动的参与。因此，教师在安排座位时，要尽量将注意力易分散、爱做小动作、学习较困难的学生安排坐在前排居中。另外，教师应采取一些必要措施，如定时调换座位，根据需要将座位编排成圆形、马蹄形，通过环绕教室走动等措施，改善空间给学生带来的负面影响。

四、学校要尽量满足特殊学生的需要

有特殊需要的学生特别是残疾学生对学校的环境、班级的环境往往有不同的要求。

1. 视觉障碍的学生。视觉障碍学生中有盲生和低视力学生。盲生随班就读，已在我国取得十分满意的效果。只要在教学中满足他们的特殊需要，他们完全能同健全学生一起学习。盲生学习内容同健全生学习内容是一样的，但使用的课本是盲文。他们入学前应具备一定的盲文基础。教师也应熟悉盲文。另外，他们还需要盲文字板和点字笔。对于低视力学生，教师应根据其视力障碍情况，提供适当的照明，安排合适的座位，选择最适合他们看书的角度，还应向低视生提供适合他们的大字课本和助视器。考虑到盲生行走的方便，学校要有专用盲道，教室里的课桌椅位置、门窗开启位置，最好都相对固定。

2. 听觉障碍的学生。听觉障碍的学生中有聋生和重听的学生，他们听不到或听不清周围的声音。要为听力障碍的学生安排适当的座位，使他们听力损失较少的一侧耳朵离教师讲解位置近一些，便于听清教师讲解。教师讲课时尽量面向他们，以便他们看到教师的口形，根据教师的口形，了解教师讲什么。还要为他们多提供板书；有条件时应尽可能为他们配备合适的助听器。

3. 肢体残疾的学生。对于肢残学生来说，只要智力正常，接受教育一般没什么困难。但为了他们能独立生活、学习，实现正常的社会化，在环境上需作特别考虑。例如，校门宽度，入口处有无台阶，台阶的高度，教室门宽度、开关方向，教室大小、桌椅排列、教具与设备的布置，厕所类型（蹲式或坐式），厕所与教室的距离、运动场地大小、地面铺设材料及平坦度、运动器具设置、校内道路的宽度、平坦度、弯道处角度大小等，都要适合他们的特殊需要。

4. 智力落后、学习障碍、自闭症等其他学生。对这些学生来说，除了要有良好的心理环境，也需要一定的物质环境，如提供各种各样的教具、学具、电教媒体、电脑、学习的辅助工具等。这方面要因人而异，针对学生不同情况加以特别考虑。

差异教学案例

《论语十则》情境浸入式教学

案例描述

本节课通过情境浸入式教学，让学生感受《论语》的精彩和孔子思想的魅力。教师在阳光明媚的日子里把学生带出教室，带到孔子像前，让学生手捧《论语》，席地而坐，与教师共同探讨《论语》对人生的指导意义。

一、导入

从宋代著名理学家朱熹的一首诗《春日》导入。"胜日寻芳泗水滨，无边光景一时新。等闲识得东风面，万紫千红总是春。"相传，孔子曾在泗水之滨讲学传道。而南宋时那地方早已沦陷于金国，朱熹怎能去游春呢？原来这是一首哲理诗。诗中的"泗水"暗喻孔门，"寻芳"暗喻求圣人之道，"东风"暗喻教化，"春"暗喻孔子倡导的"仁"。朱熹把自己想象成一名在泗水河畔聆听孔子讲学的学生，坐在孔子的弟子中间，聆听"圣人之音"。此时的朱熹，就仿佛沐浴着春风、欣赏着春色一般"怡然自得"。通过这首诗，学生体会在孔子身边听课的感觉，手捧《论语》，围坐在学校孔子像周围，像朱熹一样想象自己已经穿越了时空，去感受《论语》所蕴含的道理。

二、《论语》书名的含义

《论语》是记载孔子和他的著名学生言语行事的一部书。班固的《汉书·艺文志》说："《论语》者，孔子应答弟子、时人及弟子相与言而接闻于夫子之语也。当时弟子各有所记，夫子既卒，门人相与辑而论纂，故谓之《论语》。"

"论语"的"论"是"论纂"的意思，"论语"的"语"是"语言"的意思。"论语"就是把"接闻于夫子之语""论纂"起来的意思。"论语"这个名字当时就有，不是后人加的。

通过这样的介绍告诉学生：《论语》是后人为"大成至圣""万世师表"的孔子所编辑的一部语录。他的语录通过点点滴滴体现出许多道理，指导着后人的言行。从书名我们就能看出，《论语》已经不仅是一部语录，而且是孔门后人行为处事的指南针。宋代开国宰相赵普能用"半部《论语》治天下"。教师在这里引导学生仔细品味这十则论语，从中发现能指导中学生生活的道理。

三、《论语十则》讲了什么

《论语十则》讲述的道理，概括起来，共有三点，即学习态度、学习方法、修身做人。

关于学习的态度和方法，各科教师都在要求学生，但是学生却很少想过教师为什么不断地这样要求。其实，教师让学生端正学习态度无非是在说要爱学习；教授学习方法是在告诉学生要会学习。

《论语十则》从各个角度，用最浅显的方法告诉我们：怎样才能过得好。

四、《论语十则》对中学生生活的启迪

接下来，由"过得好"引出《论语十则》对中学生生活的启迪。

1. 复习与反思。

在这个环节，从学生怕犯错被教师批评说起，由此引出《论语十则》。《论语十则》说学习的时候要"温故知新"，曾子也说他每天要"三省吾身"。教师强调复习和反省的重要性，并鼓励学生只要坚持下去，就可以不犯同样的错误了。

2. 诚实。

在这个环节为学生设计一个场景：如果考试时，监考教师突然离开了考场，这时候你会不会抄别人的答案？如果考试前，有机会拿到考试题并且绝不会暴露，你会不会去拿考试题？谁能抵住这种诱惑呢？通过这个场景引出正确地对待知识的态度："知之为知之，不知为不知，是知也。"教师指出"智"被孔子上升到对人格的极高评价，它和"仁"一样为孔门弟子所推崇，从而引导学生用正确的态度去对待考试、对待学习到的知识。

3. 虚心求教。

在这个环节，先请学生谈一谈每次考试后，考得好是什么感受，考得不好又是什么感受。通过交流，引出孔子的"见贤思齐"和"三人行，必有我师"，引导学生在生活和学习中把自己地位摆得低一点，虚心向周围的所有人学习求教，哪怕是向一个看上去各方面都不如自己的人"择善而从"，这样做定会获益终身。

4. 交友。

在这个环节，先询问学生有没有过因为不速之客打乱自己的计划而心怀不满。从中可以看出，朋友之间的关系，并不是那么容易维护的，既而引出"有朋自远方来，不亦乐乎"这句话。

这句话奠定了我们中华民族热情好客礼仪的基础。北京奥运会开幕式上，当几万人齐声吟诵"有朋自远方来，不亦乐乎"时，一个民族向世界张开了怀抱。要指导学生在生活中开心地迎接客人、朋友的到来。

5.《论语十则》中体现出的孔子思想核心。

在上面的讨论之后，可以从《论语十则》中总结出指导学生的行为规范——其实这些都是中华民族的传统美德，由此归纳出孔子思想的核心。

"仁"。曾子说，"仁"是一个有理想、有抱负的人所追求的最高目标，是必须终身实践的任务。那么，什么是"仁"？孔子说"仁者，爱人"。关爱别人，就是仁。

"知"。实事求是地对待自己的知识水平，是"知"。孔子对"知"的整体诠释为"知人者智"。了解别人，就是智。而要做到了解别人，先要正确看待自己。

"恕"。孔子对"恕"还加上了一个注解："己所不欲，勿施于人。"这是一个可以"终身行之"的概念，其实就是宽容别人，自己不想要的东西，不要强加给别人。

在以上总结之后，教师为本节课做结束语，最终落脚点在传统文化的回归上，希望学生通过这节课喜欢《论语》，传承中国的传统文化，心怀《论语》，践行美德，走好今后人生的每一步。

本节课不再按照传统教学时由教师逐字逐句翻译文言文的模式，也不再由教师总结归纳出学习方法、学习态度及"修身做人"这样的理念让学生记住，而是从学生的实际情况出发，挑选最能指导学生学习生活的内容，并用他们现实生活中的例子进行解读，让学生感到《论语》离我们并不遥远。

（张尧、陈超君　西安交通大学附属中学　初一语文）

案例分析

本例亮点是教学方式的改变，尤其体现在教学环境的改变上。在不同的环境中讲授同样的内容，学生的反应是大不一样的。当学生走出教室，坐在孔子像前思考关于《论语》的问题时，情境的创设让他们的思维变得活跃，思路也更加开阔，前所未有的新鲜感也让他们的注意力更加集中，从而取得极佳的教学效果。

T型舞台显身手

案例描述

班级很多学生对音乐充满浓厚的兴趣，但想唱不敢唱，想演演不好，比较"腼腆"，更不愿意在人多的时候表演，过于羞涩和矜持。教师针对这一现象，在音乐教室为学生搭建T型舞台，以爱点燃他们艺术的火花，让每个学生一展风采。

1. 按照学生技能水平及潜力差异，对学生进行水平区分，分为A、B、C三个层次。

A类学生：有较好的乐感，有艺术特长，自己能够创编表演。

B类学生：对音乐感触能力一般，但学习态度好，愿意加入表演的队伍。

C类学生：音乐学习中有困难，不愿意参加各种表演，上课没有激情。

这样把学生动态分组，有利于教师在教学上照顾学生的个体差异，满足每个学生的特殊需要，使学生之间互帮互助，形成一条滚动的"星光大道"。

2. 根据课程标准组织教学内容，结合教学内容对不同层次学生制定不同的学习目标。对那些既聪明又富有创意的学生给予充分肯定，给他们提供空间和平台。要给予那些内向的学生和平时不被关注的学生更多的关照和机会，给他们充分的鼓励和支持，并尽可能地为他们创造表演和表现的机会，使他们能够在交流中获得成功感，从而增强信心，发展智慧。

A类学生：以学习技能、开发音乐潜力、培养创新意识为主，可以设立较高的学习目标。特长生可适当地担当课堂演奏、演唱等角色。可以增加拓宽性的教学内容，安排有一定难度的技巧型练习，以发挥这类学生的特长优势，从而带动其他学生的积极性。

B类学生：学习一般，但兴趣较为浓厚。对这类学生，可以在内容设计上紧扣课程标准，设立适合其接受能力的目标，在进行基础性教学的同时兼顾开发创新意识，不断激发调动学生的积极性。

C类学生：应适当鼓励，多给他们展现的机会，制定相对于前两者较低的学习目标，设计一些易解、易答、易操作的问题，使他们在完成过程中享受喜悦并改善消极心理，以提高学习音乐的兴趣。

3. 根据学生的个性和A、B、C类的动态分组设计教学内容。例如，在组织教学环节，教师首先从学生的兴趣出发，用语言激发学生学习的兴趣和注意力，用富有动感的节奏和学生对话，让他们在玩中学，在不经意中学到新知识，培养新技能。发声训练，节奏训练，学唱新歌，从简单到复杂，每一个环节都有各个类型的学生参与。简单的留给C类学生，复杂的留给A、B类学生，每组都有A、B、C三类学生。这样各组都会有成功的果实，C类的学生越来越少，实现教学目标就会水到渠成。例如，在《拾稻穗的小姑娘》一课中，一位音乐智能强的学生在教师的引导下表演了其中的唱段。她的表演充分想象歌词的意境，体会了曲调的情感，把小姑娘拾稻穗的形象、珍惜粮食的情感表现得惟妙惟肖。她的表演启发了同学们，感染了同学们，使得大多数同学创编的舞蹈、故事、歌词的思路无一不是和她的表演有关。更让教师兴奋的是那些音乐智能强的学生带领着音乐智能弱的学生一起参与创作。学生的兴奋度高了，教学效果更好了。难以想象，这种"以高带低"策略的运用竟会产生如此效果。

（薛军　鞍山市千山区宁远镇小学中心校　五年级音乐）

案例分析

本例中针对班级学生的特点，教师把音乐教室改成 T 型台，鼓励每个学生敢于在"星光大道"一展身手，教学中"以情激情"，调动学生的积极性，"以高带低"促进了全体学生音乐素养的提高。

第十章

弹性作业与多元评价

　　差异教学的课堂，既强调基本的、共同的作业，以确保学生核心素养的达成，也强调作业类型、数量、深难度的弹性，提供学生自主选择的机会。要对学生作业进行多元评价，鼓励学生用创新的方式完成作业，提高学生自主创新的意识与能力。

第一节　作业要求的共性与个性

班集体学习既有共性，也存在个性差异。对学生的作业也要处理好共性与个性的关系。

一、学生作业的意义和客观存在的差异

随着教学改革的深入，作业的功能也不断得到开发。作业是开放课堂的一部分，是学生自主学习的重要形式。它不仅是上节课的复习巩固和延伸，而且往往成为新授课的准备和前奏。它不仅承担巩固知识发展能力的任务，而且要提升学生的情感态度，发展学生的全面素质。

学生在作业过程中表现出很大的差异。比利时的一项研究发现，不同学生在同一时间内做同样家庭作业时有巨大差异。在对2000名学生的调查中，各年级学生用于家庭作业最多的时间相当于最少时间的2倍。可见学生在作业的时间上存在很大的差异。他们在作业的态度、积极性、作业的能力和完成作业的质量上也有很大差异。同样一道作业题，有的学生10分钟能完成，而有的学生2小时也完成不了，造成他们不同的作业负担。有的学生对某些作业饶有兴趣，作业2小时也不感到负担，而有的学生作业1小时就会筋疲力尽。因此，作业结构和内容应视学生能力而异。

二、作业体现共同的基本要求

为了保证每个学生都能达到课程标准的共同的基本要求，也为了使学生都能跟上班级教学进度，作业也应坚持共同的基本要求，以保证学生对基础知识和基本技能的掌握。对低年级的学生作业更应强调这点，因为低年级是

学生打基础的阶段，而且低年级学生认知水平差异还不大，当然极少数智力障碍的学生除外。教师应根据课标的基本要求，确定作业的基本内容和数量。低年级应以课堂作业为主。少量课外作业旨在帮助学生联系生活实践，培养良好的学习习惯。

三、作业的适度弹性

随着年级的升高，学生掌握知识的水平差距也越来越大。要求学生在相同时间内完成同样作业是不现实的，一刀切的作业要求往往成为学生抄袭作业的直接原因。对学习困难学生，作业难度不要太大，巩固和运用性质的作业可多布置些；而对那些学有余力的学生，可给他们布置一些扩大知识领域、思考性、技巧性较强的以及探索性质的作业。迪茨和库特根据作业的不同作用，将作业分为六类：巩固知识和技巧；扩大知识领域；使知识和技巧系统化；将知识和技巧运用于特定的事例和情况；运用知识和技巧独立解决问题；介绍新的课题。这些类型也值得我国教师布置作业时借鉴。另外，我们还应增加实践性的作业，在实践情境中提升学生的情感、态度、价值观，培养学生的动手能力、研究能力和创新精神。当然，对不同的学生除在作业的类型上可以不完全相同外，在作业的数量和质量标准上也可以有不同的要求。

四、加强课堂作业

一项研究表明，较高能力的学生在有家庭作业的情况下，比有辅导的学习成绩更好，而能力低的学生从有辅导的学习中比家庭作业获益更多。这可能是因为成绩好的学生独立学习能力较强，而成绩差的学生还未完全明白课堂上学的东西，完成作业也更困难。因此，应提倡课堂作业，这不仅有利于及时反馈、矫正，保证课堂教学质量，减轻学生课外负担，而且有利于学习困难的学生独立思考和在教师、同学的指导、帮助下学习，取得更好的效果。课堂达标检测题是课堂作业的一种类型，达标检测题应体现本课的要求，不应只和例题同类，要有新环境应用，以确定学生是否真正掌握。课堂上应通过同学互检作业，及时大面积反馈评价，组内异质合作，互相帮助，确保人人达标；组内只有少数人完成的、超标的难题可以跨组交流，同质组拓展。课堂作业必须要求课内完成，这也会使学生学习有紧迫感，提高学习效率。

差异教学案例

两位数加两位数口算的课堂作业

案例描述

在教学"两位数加两位数口算"时，教师创造性地使用教材，修改了书本上的习题，设计了下面的课堂作业。

第一部分　基础题

1. 直接写出得数。

| 37+21 | 23+25 | 30+20 | 37+33 | 43+27 | 30+80 |
| 37+31 | 43+25 | 300+200 | 37+36 | 46+27 | 300+800 |

2. 把得数大于50的算式圈出来。

| 34+18 | 23+26 | 19+64 | 38+53 | 62+14 |
| 43+48 | 26+47 | 17+36 | 72+12 |

3. 先估计得数是几十，再口算。

73+15=　　　　35+26=　　　　19+64=
(　)十多　　　(　)十多　　　(　)十多
38+53=　　　　26+47=　　　　17+36=
(　)十多　　　(　)十多　　　(　)十多

第一部分的习题为基本训练，即本节课的基本标准，全班每个学生必须完成，每人都要"保底"。对在完成的过程中有困难、有错误的学生，给予的课后作业为巩固练习，即第二部分的练习。

第二部分　巩固题

1. 先估计几十，再口算。

35+32　　　　　45+14　　　　　37+55　　　　　26+29
35+38　　　　　49+14　　　　　21+78　　　　　44+17

2. 比一比，算一算。

60+70　　　　　50+90　　　　　80+40
600+700　　　　500+900　　　　800+400

3. 估计一下，填上＞、＜或＝。

27+58（　　）58+27　　　　　54+18（　　）45+18
35+48（　　）48+53　　　　　23+18（　　）23+13

当学生能轻松完成第一部分的基础题，并且正确率100%，就不需要再做第二部分的巩固练习了，而是完成第三部分的提高题。

第三部分　提高题

36+64　　　　　　　　　　　1000-547
175+225　　　　　　　　　　16+28+72
409+191　　　　　　　　　　38-13-17

这部分的题目要求全部口算，不列竖式能马上完成。

提高题是有一定难度的，对学生的计算能力、思维速度，都有较高要求。能完成这部分题目的学生，并能做到全对，将获得奖励，并且可以免做一道明天的基础题。练习到这还没结束，教师还设计了更高难度的挑战题。

第四部分　挑战题

756-98
500-99-1-98-2-97-3-96-4

挑战题每天两个，不在多，而要精，有难度，能吸引一部分学有余力的学生。

（周丽　太仓市城厢镇第一小学　三年级数学）

案例分析

课堂作业怎样适应不同学生需要？本例进行了探索，设计了四套习题。第一部分的基础题也是必做题，保证人人达到基本要求。接着对每个学生进行动态分层，其余三套习题分三个层次解决。让每个学生都能得到发展，每人都得到不同的提高。

第二节　鼓励学生用自主创新方式完成作业

尊重学生的差异，鼓励学生标新立异，也是培养创新人才的需要。作业往往更多地体现了学生的自主学习。为了培养学生的创新精神和创新能力，应鼓励学生自主探究，用创新的方式表达自己的学习成果。

一、自主作业

在我国，传统作业的选择、拟定、布置都是教师行为，学生无权参与也无需参与，只能被动地根据教师的要求完成作业，主动性得不到体现。作业的结果也是千篇一律，有固定的、唯一的答案，发挥学生主动性就是在完成作业过程中，方法可能不同，但最终学生还是要靠向那个预定的答案。教师可在一定程度上将设置作业的主动权让给学生，让学生结合个人实际，在教师的引导下，自主选择、设计作业内容，评价学科作业。学生可以自己留、互相留作业，可以自己出测试卷，交换做、交换批阅。这类作业重在培养学生主动学习态度和创新精神，都可以在各个学科尝试。学生的积极参与能有效地调控学生主动学习和教师教学，形成学生自主、合作、探究的主体性学习方式和师生互动的教学方式。

倡导学生自主作业并不是不需要教师的安排和指导。教师在作业的布置上还是要发挥主导作用，以调动学生的自主性。另外，教师的指导应当恰如其分。教师应在指导或不指导之前，首先要求学生领悟作业，并有所反应。在作业未被领悟之前就直接指导，往往会增加学生的依赖性，也不利于培养学生的独立思考能力。

二、作业的创新

学生作业特别是课外作业，在时间、空间上相对比较自由，应鼓励学生用创新的方式表达自己的学习成果。创新也是自主学习的最高层次。作业的创新可以是作业呈现内容的创新，也可以是作业呈现形式的创新。应鼓励学生有自己的观点和见解。有位教师在教学"只有一个地球"后，让学生自主作业，有的是设计绿色邮票，有的是为环保照片写解说词，有的是做环保义务宣传员，这些作业使学生的想象力、创造力、实践能力得到很好开发。要鼓励学生个性化地表达作业，鼓励学生标新立异。

教师在作业的安排上，要给学生留有一定的选择空间，让学生能够根据自己的水平和能力选择作业和作业的表达形式，这也是主动性的重要体现。作业的配置也要注意有利于培养学生的灵活敏捷的思维和创造思维，尽可能安排探究性作业、灵活解决实际问题的作业。当然，在这方面对不同的学生也应有不同要求。

我们在提倡学生作业结果创新的同时，更要关注学生的作业过程，如学生在作业时是怎样多角度思考的，怎样解决问题的，尤其是对作业过程中出现的问题进行反思与处置，在这过程中培养学生的学习能力和发散思维、集中思维。对一些人文作业的评价应允许多元理解，鼓励学生有新的见解，只要合理就行。

差异教学案例

语文作业设计

案例描述

为了达到减负增效的目的，教师对作业精心考虑、分类设计，使全体学生都能在自己能力范围内得到有效的训练。教师将语文作业分为三种类型：课课通（必做题，涵盖了每课的知识要点和能力训练点）；任我选（选做题，反映了学生的个人偏好和相应的能力）；随我意（自设题，体现了学生的独特个性和创造力）。这样的作业设计方式，给了学生极大的选择空间，使学生能扬长避短，充分展示、发展自己的能力。例如，《桂林山水》这一课的作业有以下设计。

一、课课通

1. 填一填。

桂林水的特点	
桂林山的特点	

2. 写一写。

桂林的山水一定给你留下了深刻的印象，你能用哪几句话表达一下自己的感受呢？

二、任我选

1. 找一找。

请学生利用网络或家中的藏书，找出描写桂林山水的诗歌，并摘录下来。

2. 小练笔。

选择一处风景，想一想它有什么特点，然后写一段话。可选用本课的句式或词语。

_____

_____

三、随我意

1. 风景如画。

学生在作业本上粘贴从网上或书上搜集的图片（有关桂林山水）。

2. 吟诗作对。

学生自己创作诗歌或对联，抒发自己的感受，赞美桂林的美好。

3. 班级报廊。

学生自制小报，图文并茂，放在班级的报廊中展览。这既是对办报者的肯定，又能开阔阅览者的视野。

4. 摄影集萃。

去过桂林的学生，将自己的摄影作品拿到班上来展览、交流。

（沈翱　武汉市育才第二小学　四年级语文）

案例分析

本例中形式多样、内容丰富、体现个性、富有创意的设计，使作业"改头换面"，变枯燥为生动，让每个学生都有自主学习、自由探索、施展才华的机会。更重要的是在作业过程中，学生培养了学会学习、学会求知、学会合作的意识，发展了创造力。

"三湾公园设计"实践作业

案例描述

教师在《现代建筑》这一课为学生布置了实践作业,让学生以任务为驱动,思考并探究问题、解决问题。

任务1

师:课前我们为未来的扬州三湾公园设计了蓝图,你们每个小组的设计图是怎样的构思?

学生根据实地考察、查找资料,发挥想象力,以绘画形式,分组展示他们的设计图纸。

要求:各组确定创作主题,明确分工;每组集体创作一幅设计稿,每人至少完成一件作品;每组完成一幅现代建筑的创作组合,并描述图纸的设计理念。

设计意图:学生手绘设计草图,为后面的立体造型任务做好铺垫,减少制作盲目性,学会认知现代建筑,更加热爱生活。

任务2

小组讨论:如果让你们的设计构思符合扬州本地的地标性建筑,你们会做哪些改进?

提出问题,巧设铺垫

问题探究:设计师除了阐述自己的草图,还要制作模型,那么如何把你们的设计稿立在你们组的展板上呢?

讨论交流

想一想之前学过的方法,如立体书的方法、纸柱造型表现形式、废旧材料拼接,哪些地方用什么方法更合适呢?

学生赏析同龄人作品,并结合小组的设计图介绍制作方法,其他同学补充。

序号	评价内容	评价星级
1	能运用身边的材料把设计稿塑造成半立体建筑作品。	★
2	结合三湾元素,合理选材,创作出立体的、符合设计稿的建筑或建筑群。	★★

续表

序号	评价内容	评价星级
3	结合三湾元素，创作出新颖的、特点突出的、立体的、符合设计稿的、古今结合的地标建筑或建筑群。	★★★

设计意图：学生创作前，要使设计的图稿符合地标性建筑的特点；创作中，相互启发、配合，通过裁剪、卷曲、拼搭、粘接等完成平面稿向立体稿的转化，提高操作能力。

核心素养理念已经慢慢渗透到各个学科的课堂实践中，也为改善小学美术课堂中存在的重绘画技能的教学模式提供了新的养分。核心素养理念重在有效提高学生的学习能力，把重视知识与技能转化为重视学生自身的素养和能力，要求有效培养学生在美术学习中的自主学习能力，帮助学生在小学阶段养成良好的美术素养。

教师在教学过程中设计了两次不同的作业形式：平面草图设计和立体造型制作，使学生作业有了渐进式提升。（分工介绍图纸的设计理念，大面积动态测查学生对建筑知识的了解，考查学生对身边实物的观察能力、协作能力和动手能力）初次作业为立体作品提供了设计基础，立体作品又很好地再现了学生的设计想象。同时，对于学生来讲，设计草图操作简单、易于表现，增强了学习的兴趣，为后面的制作做了很好的铺垫。在学生制作时，教师参与探讨、交流，对于不同纸材的卷曲和粘接适当给予指导和帮助。学生资源也是教学资源。

通过异质分组，课堂上能更好地让不同学生互补，以优带差，完成设计稿从平面向立体的转变。在教学中教师还要引导学生很好地利用点、线、面的搭配，巧妙地设计现代建筑的立体造型，而且要善于利用不同纸材、不同的质地去展现作品。这样从局部单一的作品设计到整体生态家园的空间布置，增强了学生的审美能力，提高了美术素养，培养了学生对家乡和生活的热爱。

（陈利　扬州育才实验学校　六年级美术）

案例分析

本例中教师给学生布置了实践作业，旨在培养学生应用美术知识为家乡解决实际问题的能力，根据对学生知识的反馈情况，循序渐进地设计了梯级任务，也制订了星级评价标准，使学生分工合作完成任务，从而提高学生美术素养和解决问题的能力。

第三节　多样化作业和多元评价

随着教学的改革，作业的功能也在拓展，单纯的纸笔作业已不能适应要求。

一、作业的多样化

现在学生的作业已不仅是为了巩固知识技能，也不再是单纯依靠纸笔练习，而应该多样化。特别是要增设更多的实践作业，以培养学生解决实际问题的能力，促进学生素养提高。多样化作业也可以适应不同学生的学习需要。

多样化的作业可以从不同的方面表现出来。从作业的呈现形式看，可以将书面作业和口头作业、制作作业和表演作业相结合；从内容上分析，作业既可以是一件作品，一个创意，一幕小的剧目，也可以是一次探究实践活动，一次访谈活动；从完成的时效方面看，作业可以是课前的预习作业，也可以是课后的复习作业，还可以是短期作业和延时性专题作业相结合；从作业发生的场所角度分析，可以考虑将课外作业、课堂作业和家庭作业相互结合；从作业承担者角度分析，可以考虑采用个人作业、小组作业和全班作业等不同的作业形式。无论作业如何多样，其本质或者关键是通过做作业过程了解学生对知识的掌握情况，巩固新知识，温习旧知识，掌握正确的学习方法，拓宽学生的思路，发展学生的思维，训练学生的实际动手能力和实践操作能力，并形成良好的学习习惯。可以多设计一些开放型的、实践的作业，如调查采访性作业、课本剧作业、录音作业等，既有利于提高学生综合素质，适合学生的不同发展水平需要，又有利于学生与社区、社会的联系，提高他们的实践能力。

二、作业的多元评价

有些人文学科问题的答案不是唯一的，而是多元的。这种答案多元化的作业既可以检测学生的学习情况，巩固复习所学的知识，又可以了解学生的真实感悟体验，提高学生综合运用知识的能力，同时更利于测试、锻炼和培养学生的创造性思维和创新意识。作业可以允许发表不同看法，可以有多种问题解决方案，只要符合逻辑、符合事实、答案合理。

多元评价不仅体现在作业的答案不一定唯一，而且体现在评价的多角度和评价主体的多元上。对作业评价应是多角度的、多指标的，不只是知识技能，还应包括情感、态度、价值观等方面。尤其是活动性、实践性的作业，更应关注学生情感、态度、价值观方面的变化。评价主体也应是多元的，不一定都由教师评价，也可由同学评价，必要时甚至可由家长或社会评价。

差异教学案例

多元评价美术作业

案例描述

美术学科的实践性强，作业中往往体现出学生创意构思、造型表现、色彩审美等方面的能力和素养。因此，在美术作业评价中实施差异教学，既能较为全面地反馈学生知识应用和能力发展情况，又能从情感上给予学生关心和鼓励。下面教师结合教学实践谈谈体会。

一、学生美术作业评价中存在的问题

1. 单个分数或等级评价，即在学生作业上只出现一个分数或等级。美术作业是学生多方面能力的综合体现。这种评价形式不能全面地反映学生的学习情况，难以让学生看到自己审美与实践能力提高的趋势和过程，而学生自信心和成就感也正来自一次次作业和作业评价的积累。

2.偏重甄别式的等第划分,忽视或较少关注师生情感交流。美术作业是想象、分析、表现等多种思维活动的反映。学生将自己的情感倾注到作业中,也希望与教师通过作业进行情感交流。有时教师恰如其分的评价,对作业创意的夸奖,或者是观其作业后的感受等,都能让学生感到他们的作业是受教师关注的,觉得教师不仅能读懂作业,更能透过作业明白他的想法,从而潜移默化提高他们的审美意识、审美能力、创新能力和实践能力。

3.在评价中未能立足于学生能力差异,就作业评作业。新课程内容的多样化使得学生的能力差异更为明显地显露出来。例如,一些学生动手能力强,而另一部分学生绘画能力突出;有的学生构图能力好,而有的学生色彩能力佳;有的学生想象丰富,表现能力却相对较弱,反映在作业中也是各具特色。因此,教师不仅要评价作业,更应分析作业中显现出的能力差异。这样评价作业,才能更具有针对性。

二、在作业评价中实施差异教学的做法

1.改变单个等级评价方法,从三个方面进行作业评价。在学生作业评价中,我不仅通过师生共评、学生自评、互评等形式丰富评价的内涵,而且从美术学科的特点出发,从造型、创意、色彩三个侧面对学生作业进行评价。尽管这三个方面不足以概括美术活动的全部内容,但对于学生而言,这三个方面是较易于理解和把握的,能够大致反映出学生美术能力的特点,使学生能较为清楚地了解自己的优势与不足,同时也促使教师更全面地分析学生作业。

2.在了解和动态掌握学生能力差异的基础上,将等第评价和有针对性的教师评语相结合,以学生作业为载体,加强师生之间的情感交流,在给学生以美感的熏陶的同时,让学生有所启发,有所感悟。例如,《手绘线条——表现体育动作的过程》一课中,大部分学生表现一个人的动作,而有位学生另辟蹊径,以六格的形式来表现羽毛球双打比赛。粗看人物的动作并没有特别之处,但当逐格细看时,发现其中竟包含羽毛球的几乎全部的动作类型,足见这位学生的观察之细。惊讶之余,教师写下了这样的评语:"真是一场扣人心弦的比赛,扣杀、发球、捡球、救球……我被比赛牢牢地吸引住了。尤其是那个捡球的情景,仿佛故事高潮中的一个小插曲,令人回味无穷。有了这样一种善于发现美的眼光,我相信你一定会有更多美的创造和收获。"同时,教师注意到这位学生的作业标签栏中字迹较为潦草，又添写了一句："如果你的标签栏书写再工整些，像电影精彩的片头一般，作业效果也许会更好些。"

当用文字书写评语不足以表达评价内容时，教师还会在评语旁边画上笑脸符号和简笔大拇指，用简单的图形传递自己欣赏学生作业时的心情。将自己的感受和适当的建议用优美抒情的文字写成评语，不仅能让学生产生亲切感，而且也是另一种美的熏陶。

3. 以橱窗展览作为学生作业评价的补充，提高学生的审美能力。如果说学生平时作业评价主要是师生一对一的交流，那么橱窗展览既是师生交流，又是学生之间相互欣赏、相互品评、相互交流的平台。因此，教师在教学之余，充分利用橱窗的宣传作用，布置学生的作业展览，并通过橱窗展览的名称提升学生的审美水平和欣赏评述能力。例如，在山水画教学中，教师一方面在底版上以粗犷的笔触表现山水的大致形态，映衬学生作业的水墨变化效果与线条的韵味；另一方面，以"寄情山水 畅怀心境"作为此次展览的名称，不仅与展览内容相得益彰，而且提升了整个展览的文化内涵，进一步加强了学生对国画意境及作用的理解。

本学期七年级的《迎新绘彩盘》一课，教师充分考虑橱窗展示效果，增加了制作彩盘礼品盒的教学内容，并将礼品盒的色彩选择、造型制作也作为评价的内容之一。评价加展览的形式，将作业评价与师生评价相结合，不仅能让作业呈现别样的视觉效果，增强学生的自信心，而且还能通过校园展览的宣传作用培养学生的成就感。

学生作业中的智慧光芒和趣味表现常常令教师欣喜。实践差异教学让教师用更细致的眼光对待学生的作业，面对他们发现美、创造美的心灵。

（谢雍容　杭州市机场路中学　七年级美术）

案例分析

本例中教师采用多角度、多指标评价美术作业，让评价主体更多元，既客观全面地评价了学生作品，也使不同的学生在不同的方面得到激励。多元的作业评价，为美术课堂增添了人文气息，为作业注入了情感交流的氛围。

语文作业中面向差异的几个做法

案例描述

我校是一所公办初中，学生主要有两部分组成：一是就近入学的属地学生；二是在属地打工的外来务工人员子女。目前，外来学生总人数占全校学生的65%。外来学生和本地学生在地域、学习能力以及行为习惯等方面都存在着明显的差异。在语文学习上，大部分外来学生语文学习能力存在明显的差异，尤其在听、说、读、写四方面差异极大，甚至有个别学生入学时识字不到一百个，阅读、书写有较大困难。

面对这种情况，我们在语文教学中从预习准备、课堂教学、作业布置及评价等方面更加关注差异，寻找每个不同层次学生的能力提升之路。

一、不同要求的多样化预习作业

预习是学习中不可缺少的环节，对于差异极大的学生来说，更是提高课堂效率的必备手段之一。预习课文不是简单地掌握字词，而是对作品的一种整体感知。从教学的角度来看，预习应立足于以下四点：积累新知识的语言；整体感知作品内容（复述以查之）；记录个人的发现和感悟；了解作品最明显的特色。从新一轮课程改革的理念来看，传统的预习应该拓宽其外延，丰富其内涵——从预习走向自学。这不仅对层次较好的学生重要，对那些基础弱、没有良好的学习方法和习惯的学生更为重要。不同的学生在预习中应该根据自己的能力、兴趣等去选择预习的内容。教师在课前要做好充分的备课工作，其中就要备好预习内容。

教师要为学生的预习提供目标设计，把学生自学中可能出现的问题尽量考虑周全，能应对学生思维的多种可能和各种突发问题，同时加大对学生作业、随堂练习、随堂笔记、单元检测试卷等的检查力度。

例如，在上《湖心亭看雪》一课前，教师确定了以下教学目标：学生能准确流畅地朗读课文；能根据注解理解全文内容；引领学生品析字词，通过补充背景材料体悟张岱的情感。

根据学生不同的层次，教师设计了以下预习作业。

1. 能准确流畅地朗读课文。

①借助注释、工具书，给不会读的字注音，然后反复朗读，直到熟练。

②熟读课文，注意停顿，直到有感情地朗读课文。

2. 了解全文大概内容。

①借助注释、工具书，口译课文，能复述大意。

②借助注释、工具书，做好古文本上重点字词的注释和全文翻译。

③完成预习卷一份。（必做）

3. 课外收集张岱及其作品《陶庵梦忆》《西湖梦寻》等资料。（选做）

这些预习作业给不同层次学生不同的选择，让他们根据自己的需求及能力挑选。读、查、完成预习卷是为了确保每一个学生都能掌握最基础的知识点。层次较好的学生可以选做那些更能提升自己的作业。

为了激励学生认真做题及专注听课，教师给预习作业两次评分的机会，即预习评分和课后更正评分。这样一来，学生不怕错，自己独立思考，即使错了，也会通过听课去订正，逐渐养成良好的学习习惯。至于现代文教学，其预习也分两大块：口头朗读与相关练习题选做。教学效果不错，每个学生能在自己原有水平上有所提升。

二、尊重差异，创设平等和谐作业环境

我们应关注学生在写作过程中所表现出来的积极性、自觉性、能动性、创造性和自立、自主、自强的"我要做"的主体意识，积极探索写作内容与形式的改革。其中，自主小练笔在实际操作过程中收到了很好的效果。

自主小练笔：你有选择写什么的自由，也有选择不写的权利。

学生每天每科的作业量不一样。有时其他学科作业布置得偏多，学生要做到很晚。如果这时硬要学生完成一篇作文或日记，那么学生十有八九会应付了事。这样就根本起不到效果，反而会引起学生的反感，挫伤学生的写作积极性。学生完成其他作业的情况也参差不齐。如何让写作有弹性？让它的张弛与学生的时间、个性同步？带着这个思考，教师在所任教的班级尝试采用自主小练笔，即学生在完成当天的必做作业后，可以根据精力和感触完成一段字数不限、内容不限的小练笔。这可以是感触最深的一件事、一个场景，也可以是当天学习生活上小收获的记录，甚至是心事的倾诉、几句牢骚的发泄，多少不限，做与不做不限。

让学生自觉主动地去写作业以外的小练笔不是一件容易的事。教师所要做的就是让学生从中感到乐趣或好处，让他们"上瘾"，慢慢习惯去写，喜欢写。

第一天，两个班一共有11人上交了小练笔。教师没有像以往那样在班上进行表扬，因为毕竟有言在先：这是自主练笔，完全自愿与自由。但对于自主练笔的学生，教师想给予他们其他的激励。于是，教师认真阅读了学生的自主作品，无论是精彩优美的，还是寥寥数语、不太通顺的，都真诚地去体会，认真地写上自己的感触，甚至在有些练笔本上，评语的字数远远超过了作品的字数。这样的做法果然很有感染力，第二天、第三天……不仅这11个学生坚持了下来，而且人数逐天增加。当然，学生偶尔不交，这是正常的。但从整体上看，写自主小练笔的学生多了，练笔的内容也越来越丰富，涉及的层面也越来越深。

有一个学生曾经在一次练笔中写道："一开始，我写自主小练笔可能是为了满足自己那小小的虚荣心，喜欢看到老师为我写的评语，喜欢看到老师和我一起回顾一天的精彩或烦闷，喜欢让同学看见我的练笔本上有大段大段的红字。虽然其他作业很多，现在已经快11点了，妈妈一个劲儿催我睡觉，但我还是要写上这么一小段。一是不想老师明天看不到我的练笔；二是现在的我似乎不写上一段就会心里难受，怕是今晚睡不着。所以就写这么一段。虽然就这么一小段，我可不是为了应付哦！何况这不是必做的。"要知道，这位学生刚进中学时常逃写作文，常被留下来监督着完成作文。

这样一来，最大的收益就是让学生明白生活中许许多多不起眼、不经意的小事都可以写，而且可以写得很好、很动人。他们也在每天的不经意中积累了不少写作素材，到了正式的课堂作文和考试时，不再愁无话可说了。

对于自主小练笔，现在班上的学生已基本上变被动的"要我做"为主动的"我想做"了。每一次的自主小练笔的完成和批改，已经不是一种作业的完成与批改了，而是一次又一次心与心的交流、情与情的碰撞。每次打开学生的练笔本，我所看到的是充满个性与生命力的文字，读到的是真实而感人的心绪，闻到的是学生们身上"阳光的味道"。

（陈琳 杭州市机场路中学 初中语文）

案例分析

　　同一年级的学生生理大致处于同一发展阶段，但生活环境的不同、人生阅历的迥异、知识经验的悬殊以及由此造成的个性心理的差别，决定了他们作业的动机态度、情感意志、兴趣需要和作业能力等方面必然存在一定的差异。该例中教师不仅从学生基础较差现状出发，为学生安排多样化的作业，如预习作业、引导学生"小练笔"等，还特别注意提升学生自主作业的意识、习惯和能力，给学生以心灵的慰藉，创设和谐的作业环境，从而促进每个学生发展。

参考文献

1. 巴班斯基. 教学教育过程最优化：方法论原理［M］. 赵维贤，译. 北京：人民教育出版社，1986.
2. 郭要红，华国栋. 论挑战性学习目标及其制定策略［J］. 课程·教材·教法，2008（10）：19-23.
3. 华国栋. 差异教学论［M］. 北京：教育科学出版社，2001.
4. 华国栋. 你也能出类拔萃：普通班的超常教育［M］. 北京：北京工业大学出版社，2009.
5. 华国栋. 特殊需要儿童的心理与教育［M］. 北京：高等教育出版社，2004.
6. 黄志成. 全纳教育：21世纪全球教育研究新课题［J］. 全球教育展望，2001（1）：51-54.
7. 朗格让. 终身教育导论［M］. 滕星，等译. 北京：华夏出版社，1988.
8. 李泽慧，周珉. 对随班就读教师差异教学能力构成的分析［J］. 中国特殊教育，2009（1）：25-33.
9. 史亚娟，华国栋. 论差异教学与教育公平［J］. 教育研究，2007（1）：36-40.
10. 汤姆林森. 多元能力课堂中的差异教学［M］. 刘颂，译. 北京：中国轻工业出版社，2003.
11. 向友余，华国栋. 近年来我国数学学习障碍研究述评［J］. 中国特殊教育，2008（7）：62-67.
12. 徐长青. 小学数学教学思与行［M］. 天津：天津教育出版社，2008.
13. 张宝蓉. 以全纳教育的视角看教育公平［J］. 教育探索，2002（7）：62-64.

出 版 人　郑豪杰
责任编辑　万海刚
版式设计　郝晓红
责任校对　马明辉
责任印制　叶小峰

图书在版编目（CIP）数据

差异教学课堂策略 / 华国栋编著. -- 北京：教育科学出版社, 2024. 11. -- ISBN 978-7-5191-4063-2
Ⅰ. G632.421
中国国家版本馆CIP数据核字第2024ST5111号

差异教学课堂策略
CHAYI JIAOXUE KETANG CELÜE

出版发行	教育科学出版社		
社　　址	北京·朝阳区安慧北里安园甲9号	邮　　编	100101
总编室电话	010-64981290	编辑部电话	010-64989179
出版部电话	010-64989487	市场部电话	010-64989009
传　　真	010-64891796	网　　址	http://www.esph.com.cn
经　　销	各地新华书店		
制　　作	北京京久科创文化有限公司		
印　　刷	河北燕山印务有限公司		
开　　本	720毫米×1020毫米　1/16	版　　次	2024年11月第1版
印　　张	16.25	印　　次	2024年11月第1次印刷
字　　数	241千	定　　价	69.80元

图书出现印装质量问题，本社负责调换。